TEAMSモデル

川野 正裕 著

楽《たの》しく楽《らく》して結果を出すマネジメント術

ダイヤモンド社

TEAMSモデル

楽《たの》しく楽《らく》して結果を出すマネジメント術

Introduction

1　あなたもプレイング・マネジャーですね？

私が近年、気になっていることがあります。それはプレイング・マネジャーが世間から過剰に悪者扱いされているのではないかということです。この本を手に取った方々の中にも、自分が課長なのに、あるいは部長なのに、プレイング・マネジャーとして行動していることを自覚し、罪悪感を抱いている人もいるのではないでしょうか。

しかし、プレイング・マネジャーは必然的な存在だというのが私の意見です。なぜなら日本はバブル崩壊後の「失われた30年」の間、会社は人員を削減し続けてきました。任せる部下がいくらでもいるのは昔話になり、マネジャー自ら実務をやらざるを得ない状況に追い込まれたのです。

①2つのプロセスを使い分ける

プレイング・マネジャーの存在が問題視される理由は、「私はプレイング・マネジャーです」という人の中に、単なるプレイヤーがたくさん混じっているからです。これではマネジャーの役割放棄。では、プレイング・マネジャーの正しいあり方とはどんなものでしょう。私の処方箋は「プレイヤーのプロセスとマネジャーのプロセスを使い分ける」です。

そもそも、もともといた組織から持ち上がりでマネジャーになった人ほど、それまでのプレイヤーの仕事にマネジャーの役割が付加されたと思っている人が多い。そうではなくて、あくまでマネジャーになったのであり、マネジャーでありつつ、どれだけプレイをする必要があるのかを考えなくてはなりません。その捉え方を間違えているため「ほとんどプレイヤー」になってしまう人が多いのです。

図表0-1をご覧ください。これは部長・課長クラスの皆さんのために、マネジメントに必要な原理原則を俯瞰したTEAMSモデルですが、ここでは、円の周りのPlayer's ProcessとManager's Processに注目してください。マネジャーに課せられたミッションは組織全体で成果を出すことにあるのですから、プレイヤー一本槍になってはいけません。まず組織成果の最大化を念頭にプレイとマネジメントをどんな比率でいくか、1：9なのか、3：7なのか、自分が置かれた組織の状況を冷静に考えて判断し、そして、時間の経過とともに徐々にプレイヤー比率を下げていきます。

ところが放っておくとプレイヤー比率が高まってしまうのが世の常です。仮に3：7と

図表 0-1　プレイヤーのプロセスとマネジャーのプロセス

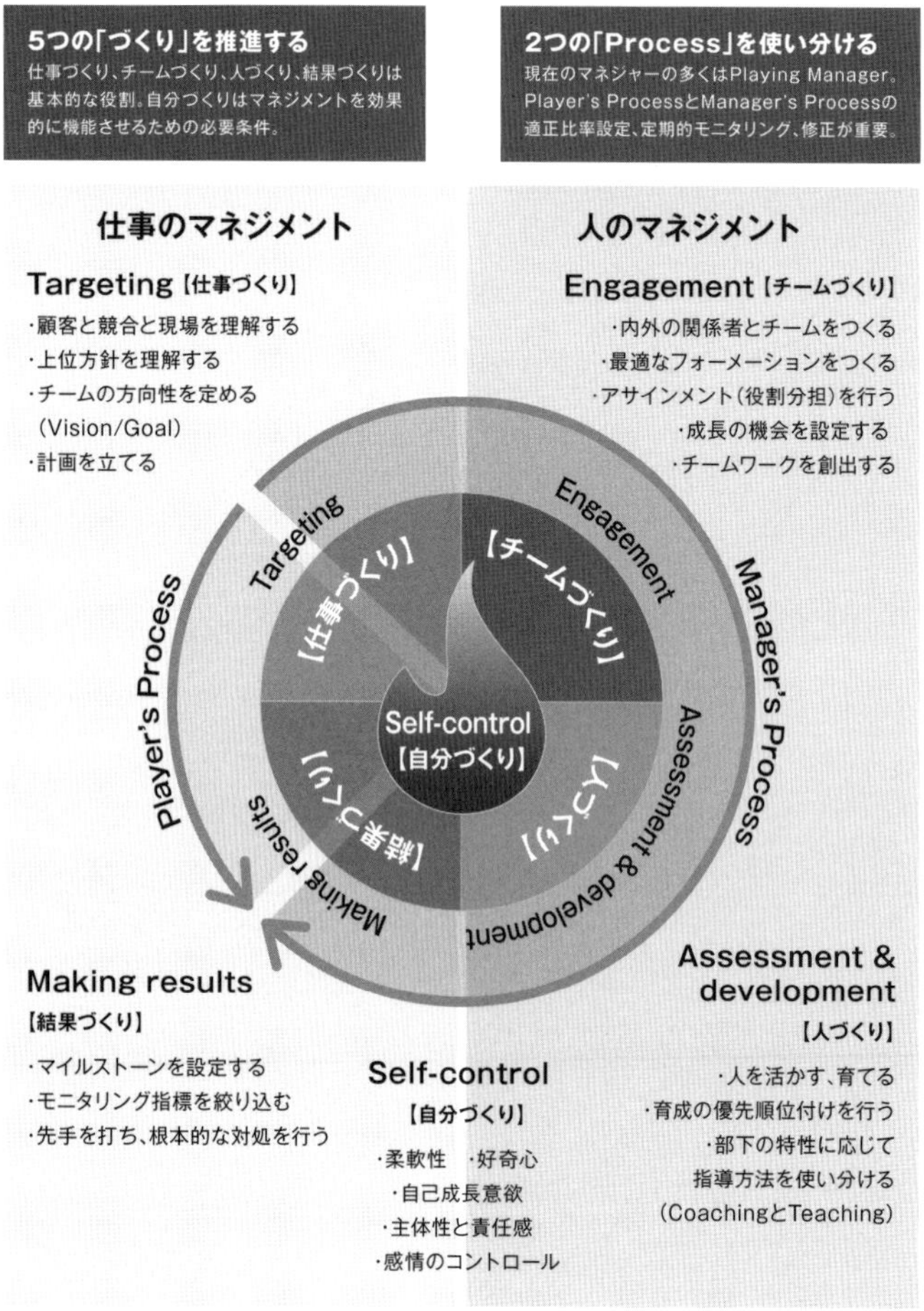
5つの「づくり」を推進する
仕事づくり、チームづくり、人づくり、結果づくりは基本的な役割。自分づくりはマネジメントを効果的に機能させるための必要条件。
2つの「Process」を使い分ける
現在のマネジャーの多くはPlaying Manager。Player's ProcessとManager's Processの適正比率設定、定期的モニタリング、修正が重要。
仕事のマネジメント
Targeting【仕事づくり】
・顧客と競合と現場を理解する
・上位方針を理解する
・チームの方向性を定める (Vision/Goal)
・計画を立てる
人のマネジメント
Engagement【チームづくり】
・内外の関係者とチームをつくる
・最適なフォーメーションをつくる
・アサインメント（役割分担）を行う
・成長の機会を設定する
・チームワークを創出する
Targeting
【仕事づくり】
Engagement
【チームづくり】
Self-control
【自分づくり】
Making results
【結果づくり】
Assessment & development
【人づくり】
Player's Process
Manager's Process
Making results
【結果づくり】
・マイルストーンを設定する
・モニタリング指標を絞り込む
・先手を打ち、根本的な対処を行う
Self-control
【自分づくり】
・柔軟性　・好奇心
・自己成長意欲
・主体性と責任感
・感情のコントロール
Assessment & development
【人づくり】
・人を活かす、育てる
・育成の優先順位付けを行う
・部下の特性に応じて指導方法を使い分ける (CoachingとTeaching)

決めたとしても、新たな仕事が入ることでプレイヤー比率は次第に高まってしまいます。特に難易度の高い仕事が入ってくると、周りを見渡して「振れる人間はいないな。しょうがないな」とつぶやいて、自分が引き取ってしまう。これで比率は4：6に上昇します。

簡単な仕事の場合も部下に説明するより自分がやった方が早いからと手を出してしまう。一つだけなら大したことはありませんが、五つ、十と重なってくると結構なインパクトになります。簡単な仕事は、マネジャーが手を出してはいけない仕事の代表格なのです。誰でもできる仕事をマネジャーが自らやる必要があるでしょうか？　比率は5：5まで高まりました。

さらに、部下の成長の機会にもってこいの案件があったとしても、任せたい人が超多忙で火を噴いていて頼めないのもありがちなケースです。こうしてどんどんマネジャーが引き取ることで比率は逆転し、結果的に設定したはずのプランと大きくかけ離れてしまいます。どうですか？　皆さんには、こんなことは起きていませんか。

こうしましょう。難しい案件の場合は、スタート時点がタフでも安定巡航モードに入ると難易度が下がるものです。やむを得ず担当したら、部下の抱えている仕事が落ち着くのを見計らい、タイミングを逃さず部下に引き継いでもらうか並走してもらいます。

適正比率が保たれているかどうか、組織成果の最大化という原理原則から目をそらさず、定期的なモニタリングと修正／棚卸しを忘れないでください。

②リーダーシップかマネジメントか

プレイング・マネジャーに関連する話題をもう一つ取り上げましょう。

よく聞かれるのが、リーダーシップ的行動とマネジメント的行動のどちらを取るべきかという質問です。しかし、一般的にマネジャーにはリーダーシップとマネジメントの両方が求められている。どちらか片方だけではいけません。

そこで、ビジネスサイクルとマネジャーの行動領域を**図表0-2**に表しました。プロダクトライフサイクルによく似ていますが、図中の曲線より上がリーダーシップ的行動の領域、曲線より下がマネジメント的行動の領域です。マネジャーの振る舞い方の比率が時間の経過とともに変化していく様子を表現しています。

皆さんの課の仕事にも「草創期」「拡大期（収穫期）」「変革期」があるはずです。新規に立ち上げる仕事もあれば、オーバーホールやリニューアルの時期に差しかかった仕事も並行して走っているでしょう。

図表 0-2　ビジネスサイクルとマネジャーの行動　Leadership + Management

リーダーシップとマネジメントの両者に優劣はない。リーダーシップは変革をもたらし、マネジメントは生産性を高める。各ビジネスを取り巻く状況によって必要度合いは変化する。

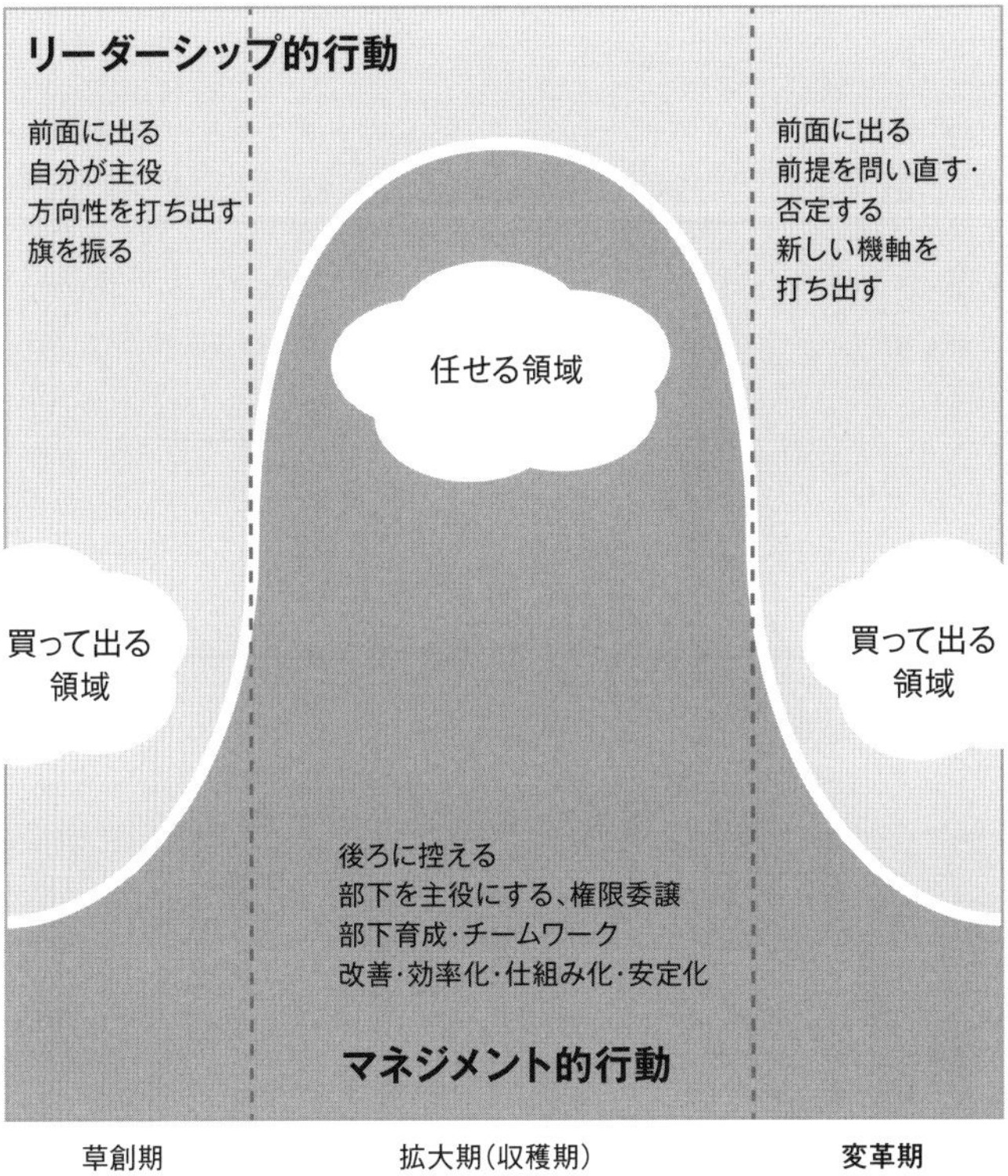

草創期は、部下にすっかり任せるわけにいきません。これから新しいことを始めようというのですから、「後は任せたよ」ということにならないはずです。マネジャーが先頭を走ってメンバーがサポートする。皆さんが主役になって旗を振る動きが求められます。まさにリーダーシップ的行動が必要とされます。

これが成功すると、マネジャーは前線から一歩引いて主役を部下たちに譲り、課の仕事を拡大するという役割に重心を移します。この時期マネジャーは、育成・チームワーク・改善など、マネジメント的行動に専念することになります。

しかし成功した仕事もやがては陳腐化し、変革を求められる時期に入ります。ここで再びマネジャーは前面に出て過去を捨て、新機軸を打ち出さなくてはならないのです。

その理由は、長年担当していれば自分の仕事に愛着を持っていることでしょう。変えたくないという気持ちが起きます。そして自分の仕事から世界を眺めるようになるので、変革の必要性を感じることができなくなってしまいます。だから、リーダーやマネジャーには、泣こうが喚こうが渦中に飛び込んで既存の仕事をぶっ壊すくらいの覚悟が必要なのです。「変革しておいてね」の人任せでは変革されるわけがありません。

もうお分かりでしょう。プレイヤーとマネジャーの適正比率が重要であると述べましたが、マネジャーが本来プレイに乗り出すべき領域は、両端の草創期・変革期にあります。なのに、真ん中の拡大期（収穫期）のタイミングで張り切ってプレイしてしまうマネジャーが後を絶ちません。人手が足りないとか部下が成長途上だから実務をやらざるを得ないなら納得できますが、「すぐに成果を出すぞ」「私でなければ」と前に出てきて、部下がやるべき仕事を取り上げてしまうのです。

それ以上に実は、得意の仕事をやるのは「楽しいから」という要因が大きいんです。立ち上げ期、変革期のような新たな仕事は、やってもやっても先が見えないという時間がしばらく続きますが、拡大期（収穫期）は手慣れた仕事ですから、やった分だけ成果が見込めます。「今日も1日仕事したぜ！」という満足感が味わえます。いったん部下に任せはするんですが、「どうなっている？　何やってるんだ。貸してみろ」と言って取り戻してしまう人がいます。部下のやる気は一気にダウンするでしょう。

皆さんはいかがですか？　そんな事態は避けたいもの。マネジャーたる者、ぜひ新しいことを始める・古いことを壊すにエネルギーを注ぎましょう。

2　ありたいマネジャー像

①マネジャーの5カ条

次の章からは、先ほどのTEAMSモデルを使って課長のマネジメントの役割を全体を俯瞰しながら解説していきますが、その前にお願いがあります。マネジメント、マネジャーってなんだろうかという問題を改めて考えていただくために、ウォーミングアップを用意しました。

自分を振り返っていただきたいのですが、課長になる前、あるいは課長になってからでも、あの頃よかったな、楽しかったな、充実していたなと思えるかつての上司もいれば、思い出した途端に気分が悪くなるかつての上司もいるでしょう。「見習いたい、感服した、感謝している、やりやすい、やる気が出た……」とあなたに感じさせた上司を「すごい上司」、「勘弁してほしい、やってられない、軽蔑する、やる気をなくした……」と感じさせた上司を「困った上司」と名付けることにします。そう感じさせたからには具体的にどんな言動があったのか書き出してほしいのです（**図表0-3**）。

その上で「マネジャーの5カ条」なるものを抽出して、かくあるべし・べからずの形にまとめてください。

図表 0-3　すごい上司・困った上司

これまでの上司を思い浮かべて、「すごい上司・困った上司」について
できるだけ具体的に記述してください。

すごい上司

あなたに「見習いたい、感服した、感謝している、やりやすい、やる気が出た…」といった感覚をもたらしてくれた上司のこと

困った上司

あなたに「勘弁してほしい、やってられない、軽蔑する、やる気をなくした…」といった感覚をもたらした上司のこと

すごい上司	困った上司
見習いたい、感服した、感謝している、やりやすい、やる気が出た… すごいと感じた上司についてその理由（具体的な言動）は？ **こんな場面で～なことをしてくれた、言ってくれた！**	勘弁してほしい、やってられない、軽蔑する、やる気をなくした… 「これは困った」と感じた上司についてその理由（具体的な言動）は？ **こんな場面で～なことをしやがった、言いやがった！**

そして、私が用意した例（図表0-4）と比較照合していただければ、これまで意識してこなかったマネジャーの役割に気付くこともあるでしょうし、皆さん自身がどんなマネジャーであろうとするのかを考える材料にもなると思います。すごい上司やマネジャーの5カ条は、やれるところから実践していきましょう。もちろん困った上司の真似はしないことです。

［1］ビジョンや目標を示し、指示を明確に行う 即断即決、決めるべき時に決める

ビジョンや目標は、部下に夢を与える意味でも重要なことです。目の前の仕事と日々取り組んでいる部下に対して、我々はここに向かってやってるんだぞと示し、仕事にワクワク感を作ることが大切になります。

皆さん自身がビジョンに向かっているのを体現することが大事ですし、皆さんの中にビジョンや目標があるから指示が明確になり、日々の判断の軸にもなります。重要性が低いことに一喜一憂しなくて済みます。

図表 0-4　マネジャーの 5 カ条の例

[1] ビジョンや目標を示し、指示を明確に行う 即断即決、決めるべき時に決める

・明確なビジョンや目標の存在が、人々に夢を与える
・明確なビジョンや目標が、指示を明確にする
・明確なビジョンや目標が、判断基準をつくり、即断即決を可能にする
・決めない上司は存在価値なし

[2] 任せる、挑戦の機会を与える
部下をよく見る、部下の話をよく聞く

・部下から見て話を聞いてくれる上司、話し掛けやすい上司であることの上司にとってのメリット
(1)信頼関係の入り口 (2)リスクマネジメント (3)部下から学ぶ
・部下をよく見るから、強みが分かる。強みを信じて部下に任せる(やみくもに任せるのは単なる無謀)

[3] 任せる、挑戦の機会を与える
責任を取る、部下を守る

・権限は委譲できるが、「責任」は委譲できない
・部下に持ってもらいたいのは責任「感」(課として引き受けた仕事の責任は課長に残る)
※マネジメントの大原則。逆はやってはいけない

[4] 社内外に人脈がある、他部署に対して影響力を持つ
職場の雰囲気づくり、モチベーションアップに注力すべし!

・部下が力を発揮できる環境をつくる(整える)
・リソースの確保(他部署の協力を得る)
・良好な職場の雰囲気(風土)は好業績をもたらす(高い相関関係にある)
※表情(どんな顔をして職場に座っているか)は有効なマネジメントツール。たるんだ空気に厳しい顔、不安な状況にも泰然とした顔。あなたの存在が部下のモチベーションに影響を与える

[5] スキルや専門性が高い

・スキルや専門性を高めるための研鑽は引き続き必要
・今後は「知らないことをマネジする」力が必要になる
※時代の変化に応じてアップデートが必須。何もしなければどんどん価値が下がる
※ポジションが上がるにつれて、専門性がなくてもマネジメントしなくてはならなくなる。仕事のマネジには共通項があるので、専門性は2割つかめば良い

「決めない上司は存在価値なし」と言われますが、皆さんもそう思いませんか？　部下は決められないので上司に相談するのに、その人が決められないのであれば、「役に立たない」と見下されますよね。

もちろん課長で全てを決められませんから、「決める」「決断する」には、決める権限を持っている人に働きかけることも含まれます。

［2］任せる、挑戦の機会を与える　部下をよく見る、部下の話をよく聞く

部下を信頼して任せようとはよく言われることですが、一方で本当にこいつに任せて大丈夫だろうかと心配にもなります。任せることは勇気の要ることですが、その前に、部下をどこまで理解しているかがモノを言うのです。部下をよく理解し、強み・弱みを分かっているから「この人のここは信頼できる、だから任せよう」となるわけですね。

実は私も部下に仕事を任せられない上司でしたが、いい先輩マネジャーがいまして、「部下を細かく見なさい。総合評価では任せられないと思っても、よく見れば、△や×の部分もあれば、○の部分もあるはずです。○の部分を理解すればそこを任せることができるん

だよ」と言われました。確かにそういう見方をすると、使える人の数が増えることに気付きました。周りの景色ががらりと変わります。部下をよく見て任せるというサイクルがちゃんと作れたら、皆さんが楽になるという側面もあります。

部下にとって話を聞いてくれる上司、話し掛けやすい上司であることには、上司にとって次のようなメリットがあると言われています。

・**信頼関係の入り口**

あなたは自分の話を聞いてくれる人と聞いてくれない人のどちらが好きですか？　もちろん自分の話を聞いてくれる人ですね。そこが信頼関係の入り口になります。

・**リスクマネジメント**

話し掛けにくい、近寄り難いという雰囲気を醸し出していると、部下は問題点に気付いてもなかなか相談に来なくなるものです。完全に炎上してから報告されても手の打ちようはありません。それに対して、話し掛けやすいと思っていれば、さまざまなリスクの兆候が耳に入ってくるので、問題が大きくなる前に早めに手が打てます。

・**部下から学ぶ**

任せていると、現場・最新・前線についての知識は、部下の方が高まっていく可能性があります。ですから、今、何が起きているかを部下から学ぶことが必要になります。部下をいい情報源だと捉えましょう。新しいことに敏感な人たちから学べば、皆さんの成長にもつながっていくというものです。

［3］任せる、挑戦の機会を与える
責任を取る、部下を守る

権限は委譲できるが、責任は委譲できない――。これはマネジメントの大原則です。自分で判断していいよと言って部下に任せたとしても、その仕事に対する全責任はマネジャーが負うものです。逆に、権限は渡さないくせに責任だけ押し付ける人がいたとすれば、それは最悪の上司。もってのほかです。

部下に持ってほしいものはと言えば責任感ですが、責任と責任感は別物だということには気を付けてください。責任感とは、責任者であるごとくの気持ちで仕事をやってくれ、ということです。

［4］社内外に人脈がある、他部署に対して影響力を持つ
職場の雰囲気作り、モチベーションアップに注力すべし！

これは要約すると「部下が力を発揮できる環境を作る」という意味です。会社にはどうしても組織の壁が存在するものです。部下が他部署と調整しようとしたがうまくいかなかった。そこで課長に相談すると5分後には解決したとなれば、部下の皆さんを見る目が変わるかもしれません。

他部署に顔が利くということは、リソースの確保にもつながります。

職場の雰囲気は、業績向上とも大きな相関関係があると言われていますが、皆さんの「表情」も有力なマネジメントツールなのです。少し空気が緩んでいるかと感じれば厳しめの顔つきをし、課内が不安を感じているようなら皆さんは決して心配を顔に出してはいけません。そんな時は泰然として大丈夫だという雰囲気を醸し出すのも重要なことです。皆さんの存在自体が部下のモチベーションに影響を及ぼすということを忘れないでください。

［5］スキルや専門性が高い

スキルや専門性を高めるための研鑽は絶えず必要です。世の中は絶えず変わっていますから常にアップデートが求められます。今時、現状維持するだけでも勉強が必要なのです。何もしなければ、価値はどんどん下降する一方です。

ただし、経営者を考えればお分かりでしょうが、職位・ポジションが上がるとともに、知らないことをマネジすることの比重が増してくるものです。あるいは、皆さんが異動した場合も、異動先の専門性を全て持ち合わせているわけではないでしょうが、マネジメント（判断）が求められる場面は訪れます。以前、異動経験の多いマネジャーがこう言っていました。「その部署で流通している専門用語の2割を理解すれば判断できる」。これは真理だと思います。

目　次

目次

第3章 チームづくり

第4章　人づくりと結果づくり

TEAMSモデル

楽《たの》しく楽《らく》して結果を出すマネジメント術

第1章
マネジャーの役割

鈴木課長の悩み1

係長の頃は個別の案件を中心に仕事が回っていたが、課長になってからというもの、組織目標だ、人員配置だ、進捗管理だ、部下の育成だと、やらなくてはいけないことが無限に広がってしまった。しかも正直なところ、それぞれの役割に個別に対処してきたので、全体がどう関連しているのかつかめなくて、不安になる。自分にできている部分、できていない部分がどこなのか知っておきたい……。

1　TEAMSモデルで把握するマネジャーの役割の全体像、5つの「づくり」を推進

TEAMSモデル（**図表1-1**、再掲）は5つの「づくり」で構成されており、この中にマネジメントに普遍的な原理原則が網羅されています。

まず、マネジャーの基本的な役割、「仕事づくり」「チームづくり」「人づくり」「結果づくり」の4つから見ていきます。

円の左半分の「仕事づくり」「結果づくり」が仕事系のマネジメントです。仮に組織成果を瞬間風速的に最大化するのであれば、この部分をマネジャーが頑張ればいいのですが、組織成果の最大化は何より継続的に実現することが求められます。それには部下に活躍してもらうことが必須となりますから、円の右半分の「チームづくり」「人づくり」、すなわち人のマネジメントの重要性が大きくクローズアップされることになってくるのです。

①仕事づくり

ここがマネジメントの入り口です。仕事づくりとは、簡単に言えば「今期何をするかを決めること」です。具体的には、

図表 1-1　プレイヤーのプロセスとマネジャーのプロセス

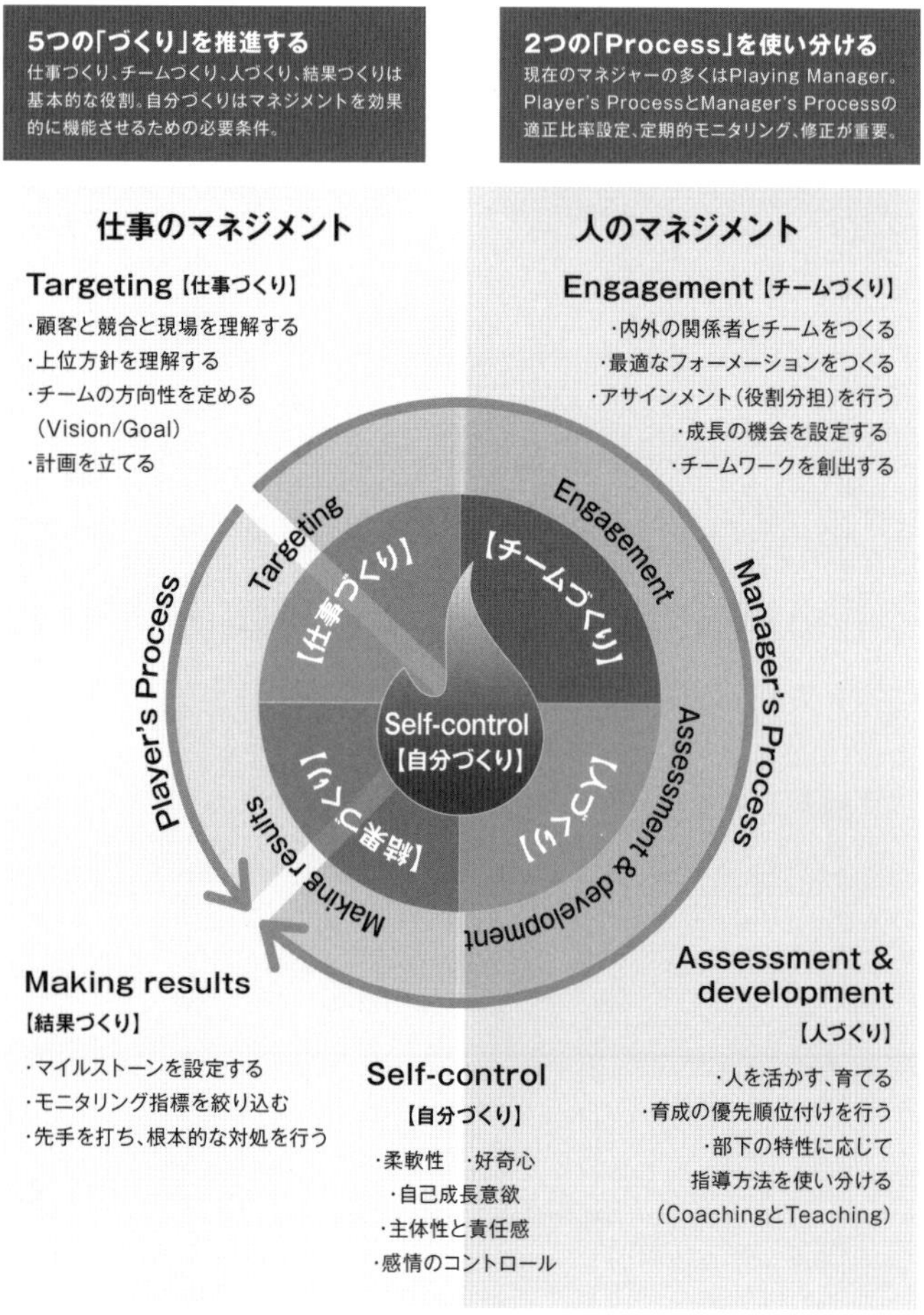

5つの「づくり」を推進する
仕事づくり、チームづくり、人づくり、結果づくりは基本的な役割。自分づくりはマネジメントを効果的に機能させるための必要条件。
2つの「Process」を使い分ける
現在のマネジャーの多くはPlaying Manager。Player's ProcessとManager's Processの適正比率設定、定期的モニタリング、修正が重要。
仕事のマネジメント
人のマネジメント
Targeting【仕事づくり】
・顧客と競合と現場を理解する
・上位方針を理解する
・チームの方向性を定める（Vision/Goal）
・計画を立てる
Engagement【チームづくり】
・内外の関係者とチームをつくる
・最適なフォーメーションをつくる
・アサインメント（役割分担）を行う
・成長の機会を設定する
・チームワークを創出する
Player's Process
Manager's Process
Targeting
【仕事づくり】
Engagement
【チームづくり】
Self-control
【自分づくり】
【結果づくり】
Making results
【人づくり】
Assessment & development
Making results
【結果づくり】
・マイルストーンを設定する
・モニタリング指標を絞り込む
・先手を打ち、根本的な対処を行う
Self-control
【自分づくり】
・柔軟性　・好奇心
・自己成長意欲
・主体性と責任感
・感情のコントロール
Assessment & development
【人づくり】
・人を活かす、育てる
・育成の優先順位付けを行う
・部下の特性に応じて指導方法を使い分ける（CoachingとTeaching）

顧客と競合と現場を理解する
←上位方針を理解する
←チームの方向性（ビジョン／ゴール）を定める
←計画を立てる

という流れで、最終的に組織目標に落とし込みます。やることはいろいろありますが、今期どんな結果を出さなくてはならないのか、将来に向けてどんな備えをしなければならないか、そのための布石を今期中にどこまで完了させるかにフォーカスします。

もう一つ忘れてならないのは、何をやめるかを決めることです。やらなければいけないことはたくさんありますが、何でもかんでもがむしゃらにやろうとするとパンクするので、やめることも重要なのです。今期はここに焦点を当て、残念ながらこれはやめる。そんな柔軟で慎重な決断も必要になってきます。

仕事づくりの実際については第2章で詳述します。

②チームづくり

やることが決まったらチームづくりに進みます。「みんなで寄ってたかって結果の出せる体制を作る」イメージです。まずは、チームワークやチームの雰囲気作りに向けて何ができるかを考えましょう。

その上で総力を結集するためにコアになる仕事と言えば、フォーメーション（チーム編成）、アサインメント（役割分担）、成長機会の創出の3つです。

仕事は必ずしも部署のメンバーで構成された公式チームだけで遂行されているわけではありませんね。仕事単位でいろいろな関係部署が関わってきますから、非公式チームがいっぱい生まれます。いろんな人をどれだけ巻き込めるかが、リソース確保の観点から重要です。他部署に影響力を発揮できれば援軍を獲得でき、リソースの総量が変わり、それが結果を出すことに影響するわけです。これが最終的に結果を出せるマネジャーとそうでないマネジャーの差を生む部分でもあります。また併せて、部下が目一杯能力を発揮できる環境を作ることでもあります。

仕事づくりで決めたことを実現していくために、部署をどうチーム分けするか（フォーメーション）。最終的に誰に何をやってもらうかの役割分担（アサインメント）がチームづくりです。マネジャーの5カ条で出てきた「機会を与えてくれる」「任せる」と関連する部分です。

もし機会を与えて任せることがなければ人づくりにつながりません。人づくりの実務は、

・何をやらせるか・任せるかを決めること

・結果づくりのプロセス、すなわち部下をサポートし結果を出してもらうこと

この2カ所で行うことになります（人づくり単独でやることはほとんどありません）。

ちなみに育成ができないマネジャーは人づくりだけを切り出そうとするのでうまくいかないのです。何をやらせるかとどう結果を出させるか。この2つが事実上の育成行為だと捉えてください。

チームづくりの実際については第3章で詳述します。

③人づくり

④結果づくり

前の項目で述べたように、人づくりは何をやらせるかを決めることから始まり、そして結果を出させるプロセスが事実上の育成行為にもなりますので、「人づくり」と「結果づくり」はまとめて説明しましょう。

仕事づくり、チームづくりが固まったら、その上で部下を活かし、育成しながら、結果を出していきます。人づくりはチームづくりの実行プロセス、結果づくりは仕事づくりの実行プロセスに当たります。

人づくりは人系、結果づくりは仕事系なので便宜的に2つに分けましたが、繰り返しになりますが、いっぺんにやってしまうのがポイントです。すなわち、部下に結果を出してもらうプロセスでついでに育ってもらってしまおうという仕掛けを用意しています。

④の説明が短いと思うかもしれません。その通りです。「人づくり」と「結果づくり」をいっぺんにやり、いかに楽をして結果を出し、育ってもらうかを考えるのがマネジメントの極意なのです。

人づくり、結果づくりの実際については、「進捗管理と育成」を軸に第4章で詳述します。

⑤自分づくり

最後にもう1つ、円の真ん中でマネジメントが効果的に機能するか否かの鍵を握っている重要なものが自分づくりです。

なぜなら、もしも円の外側にある仕事づくり、チームづくり、人づくり、結果づくりの4つのプロセスをちゃんとやっているつもりでも、マネジャーが尊敬される存在でなければ部下は思った通りに動いてくれないからです。簡単に言えば、「軽蔑してる上司の言うことは聞きたくない」。「自分づくり」が円の中央にあることを意識しておいてください。外側が100点満点でも内側が0点だと、掛け算されて0点になってしまうのです。

マネジメントを行っているとどうしても部下に無理難題を強いる場面も生じてきます。その際に「冗談じゃない。自分でやってください」と言われてしまうのか、それとも「私がやります」と言ってくれるのか。こんなところに、自分づくりが差となって表れてくるのです。

では、どういった態度・行動が必要か、自分づくりのメカニズムについては第5章でもう一度別の角度からも取り上げます。

2 マネジメントをアップデートする

マネジャーの役割の全体像を俯瞰していただいたら、もう一歩先に進みましょう。今度はダイナミックな視点で眺めてみます。

①常識のアップデートが「上司を育成」する

マネジャーがマネジする相手は誰でしょうか？　「それはもちろん部下です」と答えるかもしれませんが、関係部署に働きかけて援軍を勝ち取るのもマネジャーの立派な役割でした。さらに、あなたの上司に働きかけて動いてもらった経験はありませんか？　こうやって能動的に行動すると、周りにいる人たちは全てマネジメントの対象だと考えられることになります。

そもそも英語の「ｍａｎａｇｅ　ｔｏ～」という言葉は、「やりくりして結果を出す・困難なことを成し遂げる」のが本来の意味なのです。そうであれば、動かす相手は部下に限らず、上司を含めて全体を対象にマネジメントしなくてはならないと言うのも理解できるのではないでしょうか。

前節の「人づくり」「結果づくり」を読んで、マネジするという言葉には「育成」という成分が含まれていることにお気付きですね？　すると面白いことが起きます。「部下を育成」するだけじゃなくて「上司を育成する」という言葉も発生してしまいます。あなたは上司の育成をやってますか？　研修で受講生の方々にそう問い掛けると、視線をそらす人が続出します（笑）。

ところが実は、たいていの人はとっくに上司に対する育成をやっているんです。それは何かというと、報告・連絡・相談・提案・意見具申ｅｔｃ．のことなんですね。

ではなぜそれが育成行為になるかというと、キーワードは「常識」です。人間誰しもが持っている常識はおのおのの経験に基づいて作られます。その人のバックグラウンドが違えば常識も違いますから、異なる常識に基づいて意思決定・判断がなされていきます。キャリア採用の方を迎えたりするとお互いの常識の違いに驚くことがありますね。常識の異なる人たちが話し合って新しい常識を作るということが世の中の変化につながり、常識を認め合うことがダイバーシティにもつながるのではないでしょうか（常識を英語でｃｏｍｍｏｎ　ｓｅｎｓｅと言いますが、全然ｃｏｍｍｏｎじゃないですよね）。

ところが悪くすると、昔々の経験に基づいて今さら通用しない常識をベースとして、意思決定・判断し続けることが起こりかねません。これが皆さんの上司だったら困りますよね。そんな時こそ皆さんの出番です。「今までＡでやってきましたが、早急にＢに変えなくてはいけません」などと進言してみましょう。当然上司は理由を問いただしてきます。そこで「あのお得意の市場環境が急激に変化しているので、ＡからＢに変える必要がありますす」と、新しい情報をインプットすると「あ、そういう状況が起きているのか。これは変えなきゃいけないな」となる。その瞬間、上司の常識が塗り替わるという特筆すべき現象が起きているんです。

上司の常識をアップデートするための情報を提供する。これが上司に対する育成行為です。

皆さんと部下との関係にも同じことが起きます。部下に任せていくことを基本線とすれば、部下の方が現場・前線・最新により詳しくなるのは当然の現象です。時として部下から教えてもらうことも必要です。皆さんがマネジャーを続けていく上で貴重なのは、自分を育ててくれる部下の存在です。けむたい部下かもしれませんが、追っ払ったりしないで、ともかく耳を傾けてみましょう。皆さんの常識を最新に保てるかもしれません。

育成は必ずしも上司から部下へ一方通行で行われるものではないのです。お互いに学び合うことで、社会の環境変化に対応できる強い組織が生まれます。

②変わらないマネジメント、変わるマネジャー

アップデートにまつわる話題をもう1つ。**図表1-2**の「かつて」が一時代前のマネジャーが活躍していた環境です。「すでに」が現在の私たちに強い影響を及ぼしている潮流です。「さらに」とあるように、社会はこれからも変転してやむことを知りません。

図表1-2　マネジャーの役割の変化

マネジメントの原理原則は普遍的なものであるが、
事業環境によって求められる役割には変化（重点の置きどころの変化）がある

かつて	→	すでに	→ さらに
経験則が活きる不変のビジネス環境 日本企業は強者のポジション 目標は所与、上位から与えられる 対昨年○%アップで戦略的な変化なし マネジャークラスの戦略策定能力はあまり問われない 先人の引いたレールの上を効率よく走る	グローバル化 商売の再構築	**前人未到のビジネス環境** 日本企業は弱者のポジション 経験則が活きず、より前線での戦略決定が必要 昨年の目標とは質的な変化、同じ数字でも意味や価値が異なる レールを引き直す、白地に絵をかく 新しい商売を作る、商売の在り方を変える 自らの意志で戦略・方向性を明確にする	
阿吽の呼吸・以心伝心 共通の価値観・文化的な背景を持ったもの同士（日本人・男性・正社員）のコミュニケーションはハイコンテクストに 一を聞いて十を知れ 「方向性」は暗黙の了解、言語化不要	異文化	**阿吽の呼吸は通じない** 職場は常時異文化交流（多国籍・男女・多様な雇用・契約形態……） コミュニケーションはローコンテクストへ 要言語化、十を知らせるためには十を語る必要 組織の方向性を自分の言葉で語り、一人一人の特性に応じた役割分担が重要に（アサインメント、期待を明確に伝える）	
一生懸命働くことが当たり前 滅私奉公、残業いとわない 動機付けは比較的単純 みんなが上を目指していた 部門間協力やチーム内の相互支援は当たり前のこと	就労観	**働き方は人それぞれ** ワークライフバランス、多様な就業観、キャリア観 動機付けの難易度高まる、マネジャーの本気と覚悟が問われる みんなが上を目指しているわけではない 部門間利害をどう乗り越えるか、チームワークをどう演出していくか	
評価は重要視されず 年功序列、全員が同じような仕事 評価による年収差はわずか 頑張れば必ず成果が出るビジネス環境	報酬観	**評価はセンシティブなイシュー** 個人ごとに期待と貢献度に応じて報酬が変わる 評価面談はスリリングな交渉場面に 頑張り方が重要 どのようにキャリア形成と育成に活用していくか	

最近では新型コロナウイルス感染症の流行を発端とするリモートワークの常態化、オフィスのフリーアドレス、生成ＡＩが仕事の仕方に変化を及ぼしました。こうした変化によって部下とのコミュニケーションのあり方も大きく変化し、マネジメントも変わります。今後も社会の変化に対処してマネジメントもリニューアルしていかなくてはなりません。

原理原則はおそらくこれからも普遍的だが、原理原則の使い方はどんどん変わっていく――。こんな言い方ができるのではないでしょうか。この本は普遍的なマネジメントの原理原則を理解していただくことを大きな目的としていますが、応用は一人一人が現場で繰り出していくしかありません。未来のマネジメントは皆さんが実践しながらつかみ取っていく。ただし、基本や原則を持った上での応用と、その基盤のない応用とではずいぶんな開きが生じると信じています。

おそらく今後も皆さんはいろいろな経験をしていって、その中から新たな原則が発見されることでしょう。そうした経験学習を繰り返していく中で、新しいマネジメントスタイルを自ら創造していっていただきたいと思います。

③クセを洗い出す・洗い流す

マネジメントのイメージはこれまでどんな上司の下で経験を積んできたかによって左右

されます。この常識にも我流のようなもの（クセ）が含まれている可能性があるので、一度原則論に立ち返って、偏りや硬直がないか確認してみましょう。自分の思考のクセ、属している組織の思考のクセに気付けば、戦略的な打ち手の柔軟性を高めることにつながります。巻末の「マネジメントチェックリスト」も参考にしてください。

TEAMSモデル
楽《たの》しく楽《らく》して結果を出すマネジメント術

第2章
仕事づくり

鈴木課長の悩み2

現場の責任者として、自分の部署の組織目標を作成するのも、3年目。1年目は数字はクリアしたものの、翌年はほぼゼロからのスタートになってしまった。2年目は私がまとめた組織目標が部下に浸透していないことが明らかになってしまった。今年こそ新機軸を打ち出さないといけないが、上から降りてくる大きな目標をブレークダウンするので精一杯だ。もっとスマートなやり方はないものか……。

1　仕事づくりには3つの大前提がある

第1章で述べたように、仕事づくりとは今期何をするかを決める、すなわち組織としての目標を設定することでした。具体的には、上位方針を確認し、顧客と競合と現場を理解した上で、チームの方向性を定め（ビジョン／今期のゴール）、計画に落とし込む。つまり、「今期何をやるかを決める」のが仕事づくりでした。

まず、3つの前提を押さえることから始めましょう。

①組織目標は上位目標のブレークダウン

自組織の組織目標は上位目標のブレークダウンである。このことに間違いはないのですが、だからといって上位目標の一つ一つに対して組織目標を設定すると、目標の数は増え、やることも増えてしまいます。それだけならまだしも、目標の重複や矛盾の発生も招きます。そこでおすすめするのが、自分たちを起点に組織目標をボトムアップ的に考えるという方法です（**図表2-1**）。

図表 2-1　ブレークダウンとボトムアップ

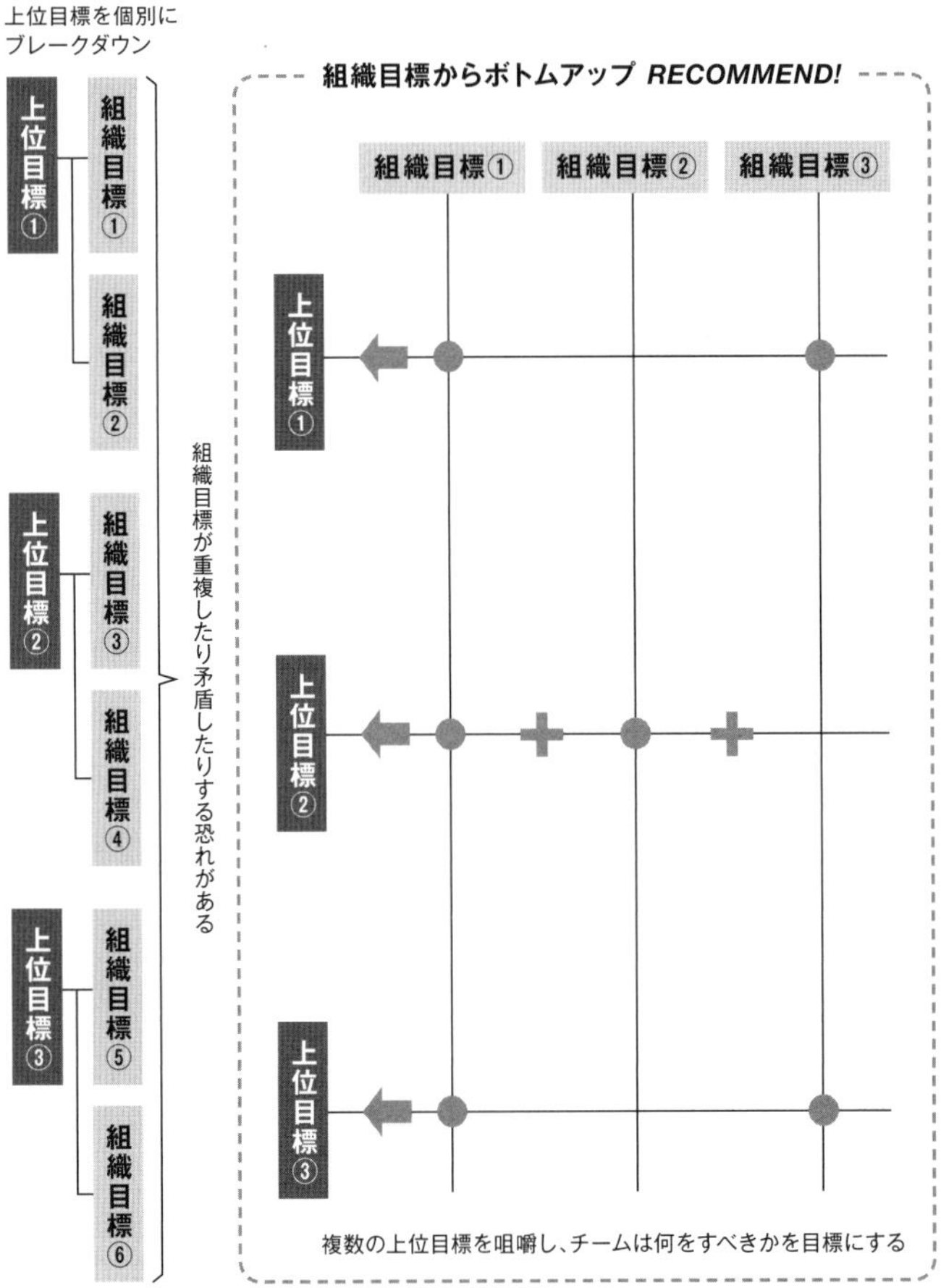

［1］まず、自部署オリエンテッドで組織目標を考える
［2］それが上位目標に貢献するものになっているかを確認する
［3］不足があれば追加する

もちろんこれは、会社の戦略や上位方針を理解していることが大前提です。これが頭に入っていないと独り善がりで目標を立てているだけに陥ってしまいます。

さて、ボトムアップ方式をとると目標の数が絞られ、やるべきことがクリアになります。さらに、個別ブレークダウンすると上位目標のテニヲハをいじっただけのようなものが出来上がりますが、ボトムアップ方式の場合、自分たちが何をなすべきか考えざるを得ないので、上位目標を咀嚼し、自分たちを主語にして自分たちの組織目標を語れるようになります。部下に対するマネジャーの説得力もアップするというものですね。

その上で、作成した組織目標が果たして上位目標に貢献するかどうか点検します。足りないことが分かったらそこで初めて組織目標を追加すればいいのです。

②適所適材。組織は戦略に従う

次に、組織の編成と各メンバーの役割・目標について考えてみましょう。

ついついやってしまいがちですが、メンバーの組み合わせ方からチーム編成に手を付けてしまってはいけません。なぜなら、現有戦力から組織目標を考えてしまうことになるからです。現有戦力から組織目標を考えれば、当然、今の戦力でやれる範囲の目標を作ってしまいます。

「組織は戦略に従う」と覚えましょう。戦略を実現するために組織は編成されるのです（フォーメーション）。まず、目標すなわちビジネスをどう展開するかをじっくり考える。どう攻めるか・守るかに合わせてチーム分けや役割分担（アサインメント）を考えます。適材適所ではなく、いわば、適所に適材を当てはめる「適所適材」という作業です（**図表2-2**）。これを行うと人材の不足感が具体的に見えてきます。どんな人材をいつまでに何人育成すればよいのか、あるいは採用すればよいのか、人材戦略が見えてきます。フォーメーションとアサインメントの実際は、次の第3章「チームづくり」で詳しく解説します。

③未来に先手を打ち、今期の結果も出す

そして、何をやるか。マネジャーとして最も大切なことは、今期どんな結果を出すかだけではありません。来期以降に向けての準備・布石を今期中にどこまで完了させるか。つまり、目標が今期と来期以降の2本立てになっているかどうかということです。

図表 2-2　戦略ファースト、組織セカンド

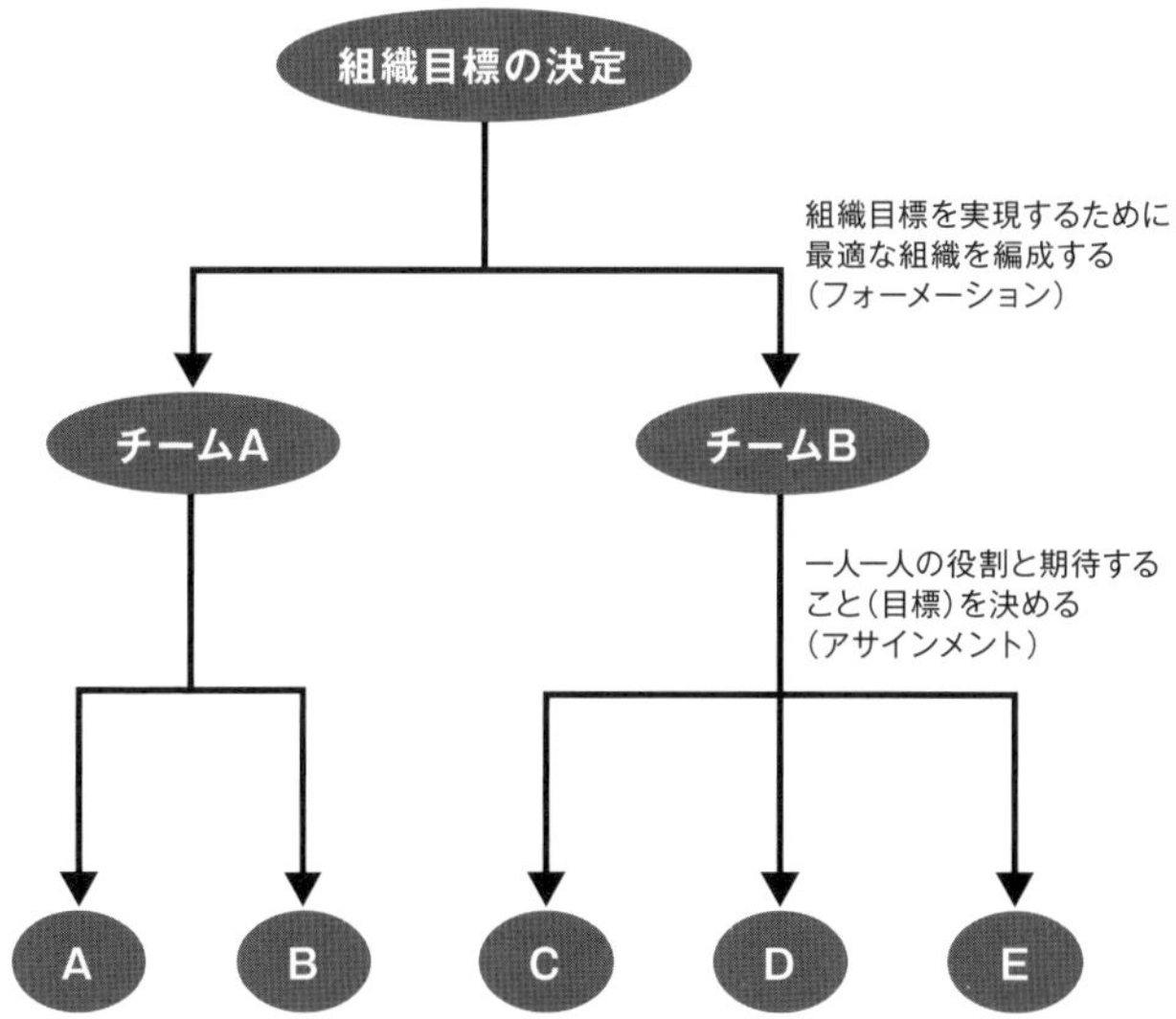

今期の目標とは、売上金額などの数字に代表されるように、その期に出さなければいけない結果ですから説明するまでもないでしょう。もう一つが、来期以降の結果を出すため、今期中に完了させなければいけない「来期以降の仕込み、準備、布石、施策」です。1年たったら、「上から出せと言われた結果が出せた、来年以降の仕込み・準備も万全だ」と思って終わりたいではありませんか。今期の結果だけに終始してしまっては、将来に負債や禍根を残すことになりかねません。

ではここで、ミニ・ケーススタディーにトライすることにしましょう。

CASE STUDY MINI 1

あなたは営業課長です。今期、20億やってくれと上から言われました（ちなみに昨年は18億で終わっていました）。この場合、あなたが率いる組織の目標はどうすればいいでしょうか。

「20億売ります」。まあそれは当然だと思いますが、20億売ることだけで1年を過ごしてしまって本当にいいのでしょうか。ここはよく考えてみなければいけません。

おそらく来年以降も、22億とか24億とか、さらに上方修正した目標が突きつけられることでしょう。加えて競争環境は厳しくなる一方です。

そうすると、今年やらなければいけないことは、20億達成するだけではなく、来期以降に向けた準備も完了させる。これを今年中に終えないと、1年たった時点で20億は達成できたけど、来年以降の準備は全くできていないということになってしまいます。

では、来年以降に向けた準備にはどんなことが考えられるでしょうか。よくあるのは、新規顧客の開拓でしょう。ここで注意しなければいけないのは、新規顧客から見込める金額を目標に設定すると今期の数字になってしまうので、新規顧客を開拓するにしても、来期以降も大化けするであろう会社を3つ見つけるといったことが必要になってきます。ですから、今年の数字にはならなくとも来期以降稼げる顧客をいくつ見つけられるかが課題になります。

勢いを増してくる競合についてはどうすればいいでしょうか。競合が攻勢を強めてくるなら、迎え撃つ商品をどう構成するか、あるいは売り方をどう変えていくかを考えなければいけません。最近「商品を売るのではない。《事《こと》》を売るんだ」と、よく言われます。お客様の課題をどうやって解決していくのかという売り方をしていかないと、なかなか勝負にならないのです。だとすれば、そういった「提案型営業」を完成させることも今期中に推進していかなくてはなりません。こうした趣旨の内容が盛り込まれていなければ、来期を晴れやかに迎えることは難しくなりそうです。

それには人員の強化も同時に考えていくことが必要になります。単に「売り方を変えるぞ」と叫んだところで、「誰もできません」ではお話になりません。新しい売り方に適したスキルを今年中にみんなに身に付けさせる。これも今期の目標に含めましょう。さらに場合によっては組織編成も変えなければいけないかもしれません。今までのように、営業担当は「一人一人懸命にやっています」ではなくて、チーム制の導入も考慮する必要が生じるかもしれないのです。

以上のようなことを今年中にやり切るのが本来の組織目標です。決して「今期、20億売るぞ！」だけではないのです。しかも組織目標に以上の内容を一通り明示しておかなくては、部下の皆さんに浸透するはずがありません。「今年は2億上乗せで20億。大変だけど頑張りましょう！」では、来年以降の22億、24億に対応することは到底不可能でしょう。

CASE STUDY MINI 2

A社は多くの子会社を抱えるメーカーです。もともと各子会社が特定用途に向けた専門性の強い製品を製造して本社に供給し、本社が営業を行うという役割分担を取ってきました。本社には商品別の営業部隊があり、各部隊が商品を子会社に発注するという構図でした。両者は商品や市場について共通の理解があり、問題なくコミュニケーションが図られていました。

ところが（よくある話なのですが）、本社側が商品別ならぬ顧客別の組織編成に変更を行ったのです。お客様の課題に密着しあらゆるサービスを提供していくという文脈のもと、営業担当が顧客ごとに変わったのです。その結果どうなったかというと、商品についてシロウトの担当が商品を売る羽目になってしまったのです。

シロウトの仕事ですから、発注書はいい加減、納期は非現実的というありさまです。子会社でこんな場面に対応できるのは、ベテランの生産管理課長だけだったのです。

さてそこでこの生産管理課長さんが考えた組織目標とはどんなものだったのでしょう。まず当然ながら、会社から言われている売上、利益、台数の目標を掲げました。

2番目は、生産効率の改善としました。そして3番目の目標として、自分と同じように顧客（本社の営業担当）とやりとりができる人材を複数育成することを挙げたのです。

しかし、これで果たしていいのでしょうか。そもそも特定の人にしか対応できないような仕事の仕方であれば、大きな改善が見込めるとは思えません。本来はどの部下であっても対応ができるよう、仕事の仕組みを変えていくことが必要なのです。従って3番目の目標としては、受発注の体制を本来の姿に再構築することが掲げられるべきです。

例えば商品に不案内な本社の人間でも発注できるようフォーマットを整えるとか、標準工程を示して本社に理解を促すとか、情報の流れを確立するとかが考えられます。こうすることで、子会社側の誰もが問題なく発注を受けられるようになるはずです。

短期的にはベテランのようなやりとりができる人を用意することが必要かもしれませんが、むしろこれを機会に、誰でも発注を受けられる体制作りを早急に行わないと大変なことになりそうです。今に焦点を当てるのか、将来を見越して体制を整えるか、どちらを重視するかといえば、受発注体制の整備が急務と言えそうです。

私は、たくさんの企業・たくさんの職場で目標や方針と呼ばれるものを目にしてきましたが、今期の目標というと、大体4つで作られていることが多いんですね。そのうち最初の3つが今年の結果出しに関するものだったりします。将来に向けての布石は最後の4番目に入ってくる。ところが4つの並びがだんだん優先順位化してきます。1番、2番、3番は懸命になるんですが、4番目に手が回らずに1年が終わる……。翌年また目標設定に取りかかるんですが、またしても今期出さなくてはいけない結果に関する目標が1番、2番、3番にきて、去年やらなかったから今年こそと4番に再登場する。こうして4番目が毎年繰り越され、「4番目の目標、5年前と同じじゃありませんか?」ということになったりするんです。名付けて「永遠の4番バッター」です。

皆さんの会社や部署に「永遠の4番バッター」が居座っていないといいんですが。

さて、今期は大切、未来も放っておけないとなると、このジレンマを解消すべく頭を切り替えて、今期の結果出しと未来への布石を両立させる戦略が必要になります。そんなことが可能かって？　可能です。その方法とは、「未来を作るやり方で今期の結果も出す」。図表2-3をよくご覧ください。

2本立てを捨て、未来へ向けての施策・手段に1本化しましょう。新しいやり方で今期の結果も出すのでその分難易度は高まりますが、ここを乗り越えれば、明るい未来を笑って迎えることができるのです。

2　どう伝えて共有するか？　自分たちの組織の目標と方針

実際に組織目標を立てるに当たって、マネジャーの皆さんにぜひ意識していただきたい視点が2つあります。

- **組織目標を部下に共有する際、ちゃんと伝わるだろうか？**
- **組織目標を受けて部下が各人の目標を設定する際に、ガイドラインとして機能するものになっているだろうか？**

マネジャーの仕事づくりは、部下という視点を抜きにしては語れないというわけです。

ではこれを念頭において、組織目標作りに挑戦してみましょう。

図表 2-3　今期の結果と未来への布石の両立

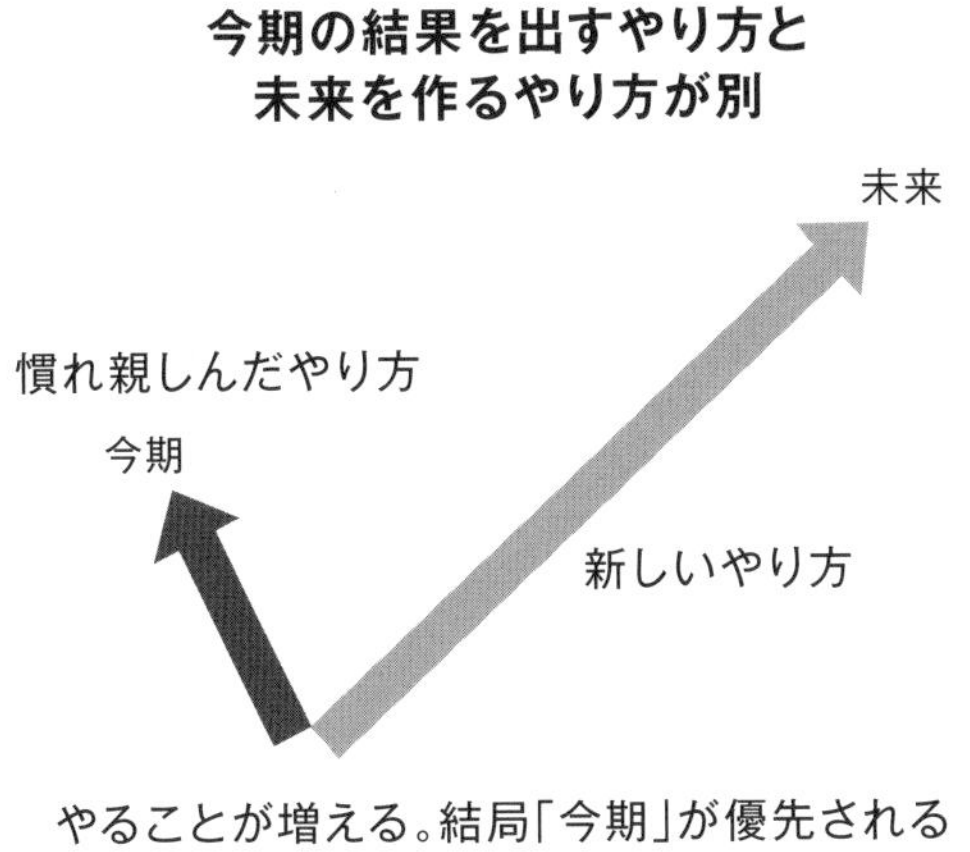

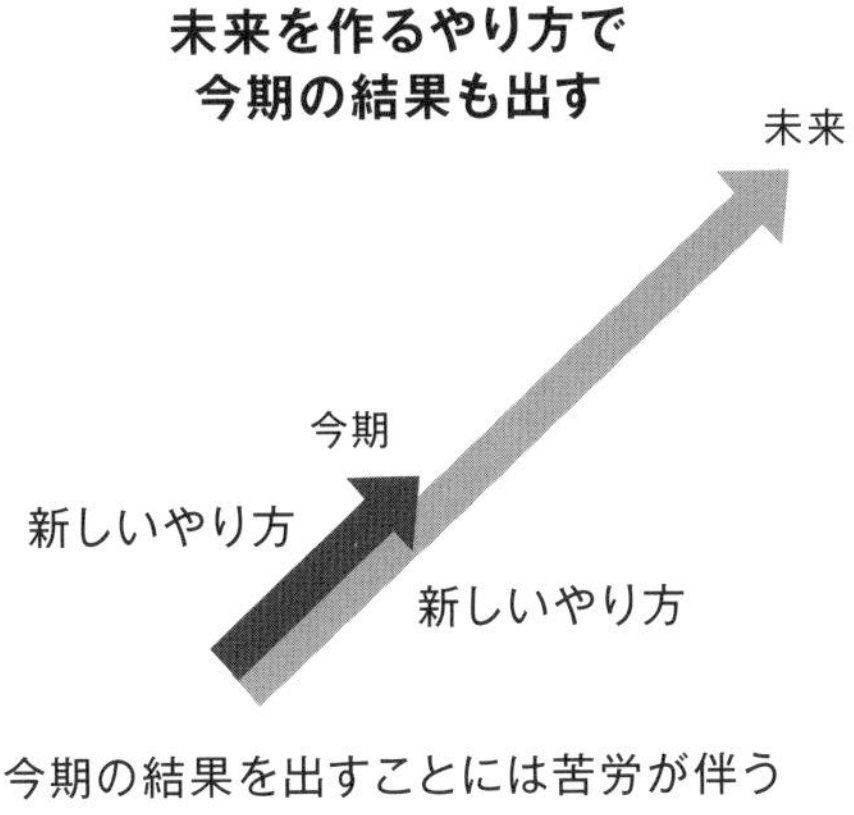

1点指摘しておきます。

CASE STUDY MINI 1で示した例を思い出してください。このような場合、売上だけが「目標」として示され、それ以外の、新規顧客の開拓、提案型営業の推進、販売力の向上が「方針」の位置付けでまとめてあるケースがよくあります。これは果たして正しいかというのが第1点です。全て目標として同列に扱うべきではありませんか？なぜなら売上達成も新規顧客の開拓も提案型営業の推進も販売力向上も、今期全部やり遂げなければならないからです。

売上の数字以外を方針にしてしまうと、部下は20億だけが目標と理解してしまいがちです。今期の結果と来期以降の布石を両立させたいのですが、それ以外は売上達成の手段なんだと誤解してしまいます。

その結果、従来型の営業スタイルに固執して「本当に実を結ぶかどうか分からない新規顧客開拓や提案型営業より、走り回って新商品を売りまくればプラス2億ぐらいなんとかなりますよ」と言い出す部下が出てくるかもしれません。しかしそれでは今期の20億は達成できても、来期以降の22億、24億にはなりません。

「目標（特に組織目標）はストーリーと共に部下に共有されなければいけない」。背景や前提や筋書きを考え、今期やり遂げる意気込みで考えたはずです。ところが部下に共有されているのがこの目標だけだとすると違った理解をされてしまうでしょう。

3　目標と方針はストーリーが伝える

戦略の重要性は誰もが認識し、時間や労力をかけて立案することでしょう。ところが多くの場合、戦略の「伝え方」には大してエネルギーがかけられていないように見受けられます。せっかくの戦略も意図や意義が伝わらなければ、組織は敏感に反応してくれません。当座やらなければいけない目標を数字で明確に示す。目的をストーリーとして語る。いずれか片方では人はなかなか動きません。組織目標を部下に伝える時、数字だけがノルマとして一人歩きし、組織に流布する伝え方になっていないかどうか、必ず確認してください。誰もが同じ映像を目に浮かべながら日々行動する。そんな状態を作り出せたら、マネジャーとして生きがいを感じられるのではないでしょうか。

具体的な伝え方としては、

・なぜやるのか？

・どうやるのか？
・どんな流れでやるのか？
・その結果どうなるのか？

といった要素を押さえ、分かりやすく覚えやすい短文にまとめましょう。

これを全員が分かるまで繰り返し語ることが重要です。

私も現役マネジャー時代には繰り返し語り続けたものでした。繰り返し語っていると、多くの人から「その話、聞き飽きましたよ。耳にタコです」と言われたものです。でも半分ぐらいの人たちが耳にタコだと言い始めても、1、2割の人は何も分かっていないのです。ですから耳にタコだと言われようと、臆することなく「上等だ。もう1回言うぞ」ぐらいの勢いで繰り返す。そうでなければ、共有は望めないのです（これを「耳タコ上等マネジメント」と呼んでいます）。

COLUMN 『ホットペッパー』誕生ストーリー

クーポン付きフリーペーパー『ホットペッパー』は、2000年に先例のないメディアとして登場、たちまち巨大ビジネスに成長しました。誕生に先立ってこの事業の創案者は創業に携わるメンバーに次のストーリーを発信して、戦略の目指すところ（街の生活情報誌）、そのためにやるべきことを明確に伝えました。


まずは飲食コンテンツに集中する。

半径2キロのコア商圏でNTTデータの飲食件数のうち15％を獲得すれば、読者のマインドシェアを獲得できて、流通段階でみんなが自ら喜んで手にとって持ち帰るインフラができる。

その流通インフラが確立できれば、一気に効果のある媒体になれる。

そのあとに美容室、キレイ、スクール、リラクゼーション、ショッピングなどのコンテンツに展開を拡大する。

そして、街の生活情報誌になる。

そのために、半径2キロにある街の飲食コア商圏内の飲食店へ、特に居酒屋へ営業に行く。

1／9スペースを3回連続で受注する。1人1日20件の訪問を実行する。


平尾勇司『Hot Pepperミラクル・ストーリー』東洋経済新報社

このメッセージ、もし最後の2文だけ聞かされたとしたら（「そのために、半径2キロにある街の～1人1日20件の訪問を実行する。」）、皆さん、やる気になりますか？これは大変だとしか思わないでしょう。しかし、そこに至るまでの6文（「～そして、街の生活情報誌になる。」）が強い動機を与えています。つまり、まず目的をストーリーとして語り、それから当座行動しなくてはならないことを明確に述べる構成になっているのです。そのおかげでつらいことも現実に乗り切ることができたのです。これが、ストーリーの持つ力です。皆さん、最後の2文だけで伝えた気になっていませんか？

第3章
チームづくり

鈴木課長の悩み3

最近よく考えるのが、果たして私の課はチームとして機能しているのかということだ。メンバーはポテンシャルを発揮できているのか、組織としての戦力はどうなのか。組織目標とリンクした形で部下を適切に配置してチームプレイをプロデュースできたらいいのだが、さてどこから手を付けたらいいのだろう……。

1　チームづくりのプロセス

仕事づくりに続いて、結果の出せるチームづくりに取り組みます。第1章で述べたように「みんなで寄ってたかって結果の出せる体制を作る」ことです。チーム一丸、メンバー全員の力を結集しましょう。チームづくりが人づくりの入り口になっていることも次第に明らかになるようになっています。

①タックマンモデルでチームづくりのイメージをつかむ

まず、紹介しておきたいのが「タックマンモデル」（図表3-1）です。このモデルはプロジェクトマネジメントでよく使われてきたチーム成熟プロセスです。プロジェクトではさまざまな部署の人が招集され、限定された期間で結果を出すことが求められるため、チームが自然に成熟するまで待っていられないので、積極的にチームビルディングを行うことが必要とされます。タックマンモデルは、チームづくりのプロセスをざっくり把握するのに便利です。

図をご覧になればチーム形成プロセスのイメージがつかめると思いますが、特に重要な

図表 3-1　タックマンモデルの 5 段階プロセス

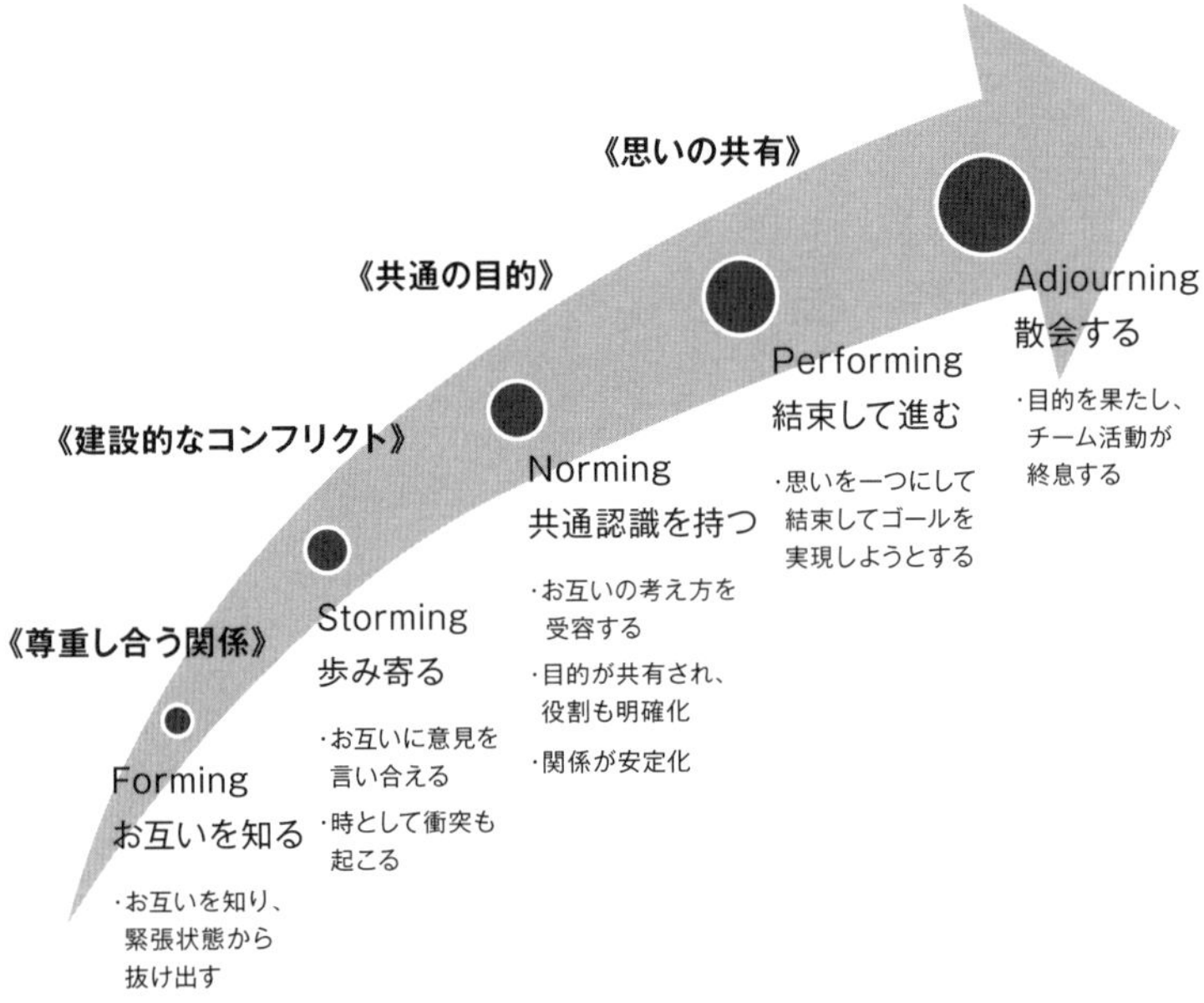

初めの2段階について補足しておきます。

第1段階のＦｏｒｍｉｎｇは、準備期間です。自己紹介をしてお互いに人となりを知ると安心して会話ができるようになります。さらに共通点を発見すると、人間、急にお互いの距離が縮まった気がするものです。親しみが湧いて会話が弾むことでしょう。

実は私、研修の時に、40分の自己紹介をすることがあるんです。自分について、ありとあらゆることをしゃべりまくります。40分話すことで、相手に共通項を見つけてもらうためのインデックスを投げまくるという作業なんです。そうすると休憩時間に近寄ってくる人が何人かいます。そして大学の同窓ということが分かって「先輩は何年卒ですか？」と聞いてきたり、犬好き仲間だということで「飼っているのはどんな犬種ですか」とか話し掛けてくれるんです。これでつかみは完全にＯＫです。

だから雑談は重要です（オンライン・ミーティングは要点に終始して、雑談できないのが欠点ですね）。お互いを知り合うきっかけがつかめないまま仕事が動いていることもままあるでしょうが、時には仕事を離れて会話する機会を演出することもマネジャーには必要ではないでしょうか。

第2段階のＳｔｏｒｍｉｎｇは、文字通り嵐の混乱期です。意見が飛び交い、正しく衝突できていれば、良いチームだと判断できます。決めるまで大騒ぎして決まった以上はしばらくみんなでその通りやってみて、時を置いてレビューする。チームプレイとはその繰り返しなのです。だからフランクにものを言い合える状況を早めに作っておく。

雑談の重要性という話が出たついでに、私も少しだけ脱線します。

知人にかつて航空自衛隊で人事の長を務めた経歴の人物がいるんですが、この人との会話が面白いんです。ある時、航空自衛隊における意思決定の仕組みという話題になりました。「典型的な上意下達の組織だと思うでしょう?」と聞かれたので、そう思うと答えると、「それは半分だけ合ってるが、半分は間違ってる」と言うんです。その心は、何かを決める前は職位・立場に関係なく徹底的に議論するんだそうです。部下は「上官の間違いを正すこと」が最大ミッションだと規定されているらしく、分かっているのに黙っていたりすると後で非難されることもあるそうです。

ただし「徹底的に議論した上で決めるのは上官である。ひとたび上官が決意・決断したならば、後は黙って従うべし」。しばらくは全員その決定に従ってやってみるんですね。

この話を聞いた時、合理的だな、大方の日本企業はこの反対をやっていやしないかと思ったんです。決まるまで静かにしていて決まってから皆でブーイングってことが多くないですか? これ一番ダメなパターンなんですよ。

戦略の間違いを証明する唯一の方法はやりきってみること。やりきらなければ戦略が間違っていたから結果が出ないのか、やりきらなかったから結果が出ないのか判別不能。決まってからブーイングでは、「やりきる」力は出ませんね。結局きちんとしたレビューも行われず、次の戦略が静かに決まって…の繰り返し。これではダメですよね。

さて、タックマン氏は集団の発達を研究した心理学者でしたが、このプロセスが成立する要件を挙げています。

・リーダーシップ
・ビジョン
・オープンコミュニケーション

研修の受講者にあなたのビジョンは何かと聞くと、うまく答えてくれる人はなかなかいません。ところが、あなたの仕事を紹介してくださいと聞くと、丁寧に、場合によっては熱く語ってくれ、将来的にはこんなふうになることを目指しているんですというところまで話が発展します。その瞬間、実は本人はビジョンを語っているんですね。

そこで、今のような話を部下としたことがありますかと聞いてみると、ないと答える人がほとんどです。部下に話さなければ、彼らは知る由もありません。結果として「うちの上司にはビジョンを感じない」と思われてしまっているかもしれないのです。それこそ語って部下に伝えましょう。心の中にあってもチームに共有されなければ存在しないに等しいからです。

繰り返しますが、ちゃんと衝突できるチームができているかどうかがポイント。風通しの良いオープンコミュニケーションは、そのために必須の条件です。

②チーム全員が同じ映像を思い浮かべるために

皆さんはマネジャーですから、部下たちと目標や方針を共有する場面があるはずです。この「共有」という言葉は、よく使われる割にはうまく機能していない言葉の代表格かもしれません。伝えてはいるのに伝わっていないことが結構ありますよね。先ほども「耳タコ上等」で説明した通りです。

そこで、共有について定義をしておきましょう。それは、同じ映像が目に浮かんでいるかどうかということです。すなわち、方針や目標を出す側としては、それがうまくいった暁にはこうなっているといいという映像があるはずです。部下たちの頭にも同じ映像が浮かんでくるかどうか。「今期はこれでいくよ」と盛り上がったとしても、一人一人の頭に浮かんでいる映像が違うとしたら、さまざまな食い違いが生じます。同じ映像を浮かべるための共有のスキルを紹介します。

対人関係のスキルはすでに皆さんご存じかと思いますが、改めて共有という観点から説明します。

［1］対人関係のスキルの活用

・質問のスキル

とにかくあれこれ聞いて相手に話してもらうのが、会話の糸口になる拡大質問（Ｏｐｅｎ）です。特定質問（Ｃｌｏｓｅｄ）は、選択肢を限って答えを狭めたい時有効です。話の流れの中で使い分けると良いでしょう。また、事実を確認する質問と、感情に耳を傾ける質問も使い分けたいスキルです。

部下と会話する時、分かっていないといけないという自己防衛が働いたりするもので、なかなかストレートに聞けないことがありがちです。ところが、質問で一番鋭いのは素人質問だったりします。分かっていないという前提で発せられる質問こそ鋭い。例えば、小さい子供から「なぜ?」と聞かれて、答えに窮することがあるのと同じです。

思ったことはどんどん質問してみると、いろんな答えが返ってくる可能性がある。それが新しいやり方や方向性のヒントにつながるかもしれません。

・共感のスキル

共感とは、「あなたのメッセージを受け取った」というサインを投げ返すことです。これが、共有状態を作る上で大変重要なスキルになります。次のようなサインを使い分けてください。

・うなずく
・おうむ返し（なるほど、○○ですか）
・同意を示す（おっしゃる通りだと思います）
・言い換える／要約する（○○と理解してよろしいでしょうか）
・発展させる（それはいい、では○○から始めてみよう）

なお、うなずくは「ちゃんと受け取ったよ、聴いたよというサインを返した」という意味なので、必ずしも同意しているとは限りません。部下の意見に反論することはもちろん可です。部下の話を最後まで聴かずに途中で遮ってしまうので話を聞いてくれない上司と言われてしまうのです。

・観察のスキル

・話し方／表情／しぐさ

・非言語メッセージを受け取る

お互いに観察しながら会話することは大切です。例えば会議で話が盛り上がったとしても、全員の表情をよく観察しましょう。中にはけげんな表情をしている人がいるかもしれません。そういう人には「何か気になっていることはありますか」と水を向けてみましょう。すると「口にすべきか迷っていた」と言いながら、出てくる発言が鋭かったり、的を射ていることがあるものです。ですから、全員の表情を観察しながら議論を進めていくことが大切になります。

［2］積極的な発言（思ったことは口に出す）

・話してみる

自分にとっての当たり前は、他の人にとっての宝物かもしれません。「わざわざ言うまでもない」「こんなことを言ったら場を乱す」「正しいことを言わなければならない」など、遠慮がちな考えは捨てましょう。

会議でよく発生するのですが、ものすごく立派なことでなければ発言してはいけない雰囲気に包まれてしまって、みんなが静かになってしまうことがあります。むしろ、思いついたことを自由に発言できる環境にすることで、議論にブレークスルーが生まれることがあります。その意味で、先ほどのうなずくということも大切なのです。

共感のスキルの「うなずく」を実践していれば、「聞いてくれるから安心してしゃべる」リラックス効果があるので、「間違ったことを言ってはいけない」などと、緊張した空気を作らなくてすみます。

・聞いてみる

新任マネジャー等、同じような立場の集まりでは、ちょっとだけ先に自分と同じ悩みを経験している人がいるかもしれません。とすると、解決策を持っている人がいて、教えてくれるかもしれません。聞いてみる態度も大切です。

［3］ホワイトボードの活用

会議の議事録を見てびっくりした経験はありませんか？「そんな意図で言ったわけではない！」。そう、共有できていなかったのです。議論をする時は、ホワイトボードを活用しましょう。リアルタイムで誤解を防止することができます。ホワイトボードがない場面でも、できるだけ文字に書き写しながら会話する癖をつけましょう。

・全て書く

会議では書記役を決め、発言を全て（はムズカシイので、できるだけ）書き留めることにします。書記役になった人のコツはきれいに書こうと思わないこと。整理も後回しにしましょう。漢字で書けない時はカタカナでＯＫ。かえって印象に残ったりします。

・文字にする効果・効能

一つは、議論の活性化。参加者がホワイトボードの文字を見て人の尻馬に乗りやすくなります。「それを言うんだったらこんなのどう?」と盛り上がります。口にしただけではなかなかこうはいきませんね。

もう一つは、本当に共有できたかどうか確認できること。例えばあなたの発言を書記役が書く場合、自分の意図とちょっと違う書かれ方をしたと気付いたとすれば、的確に共有できていないことが共有できるというわけです。単純に、意味や意図を確認するのにも有効です。

フランクな会議で書記の人が発言をホワイトボードに書いてくれているのですが、8割5分合っているが、残りの1割5分はちょっと違うという書かれ方をしたことはありませんか？　実は真意が共有できていないことの証拠かもしれません。口頭だけですと、8割5分合っていれば10割合っているように聞こえます。それが、文字にしてみることで共有できていない部分がはっきりしてくるという効能があるわけです。

2　フォーメーションは「適材適所」より「適所適材」

①見える化に威力を発揮する「人財ポートフォリオ」

第2章「仕事づくり」3つの大前提で述べたように、「組織は戦略に従う」でした。そして、組織の目標が決まると、適材適所ではなく適所に適材を当てはめる「適所適材」の原則に従って、組織目標を最も効果的・効率的に実現するための体制作り＝フォーメーションとアサインメントを検討していきます。そのための強力なツールが、「人財ポートフォリオ」と「目標マトリクス」です。

チームのメンバーを俯瞰して、戦力の現況を分析しようというわけです。まず例をご覧ください（**図表3-2**）。

海外拠点のガバナンスとして「現地化」「地域に根差す」がキーワードだった時代、国ご

図表 3-2 人財ポートフォリオのイメージ

(a)「マーケティング・コンサルタント」路線の場合
(日本サイドでコントロールする)

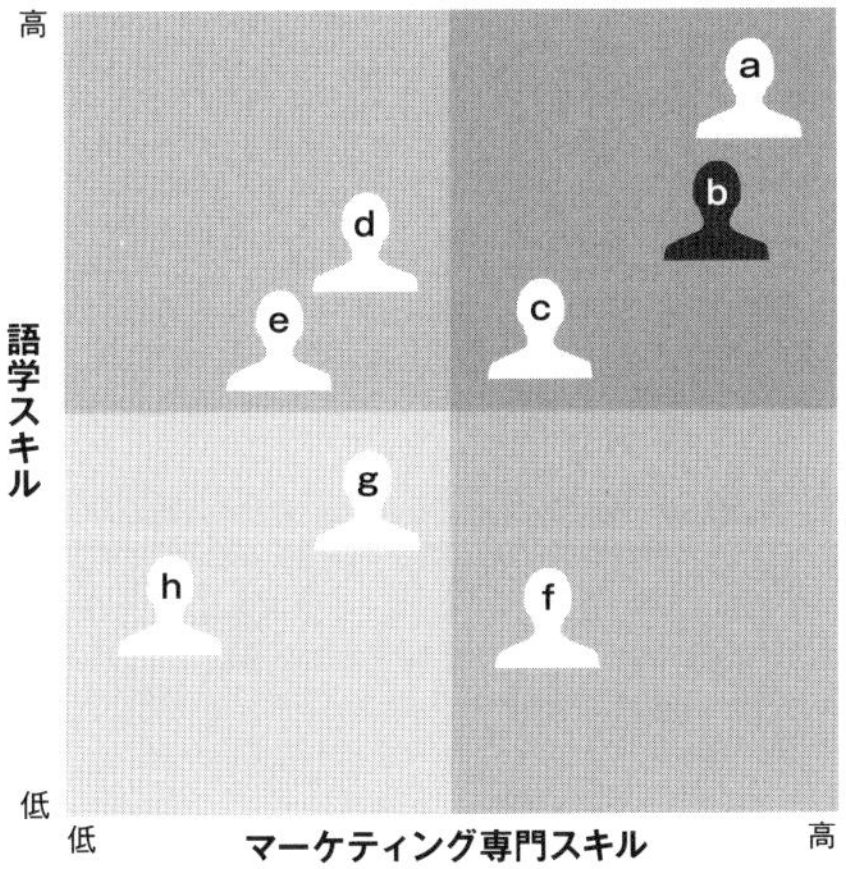

(b)「自律経営を促す支援スタッフ」路線の場合
(現地化を促進する)

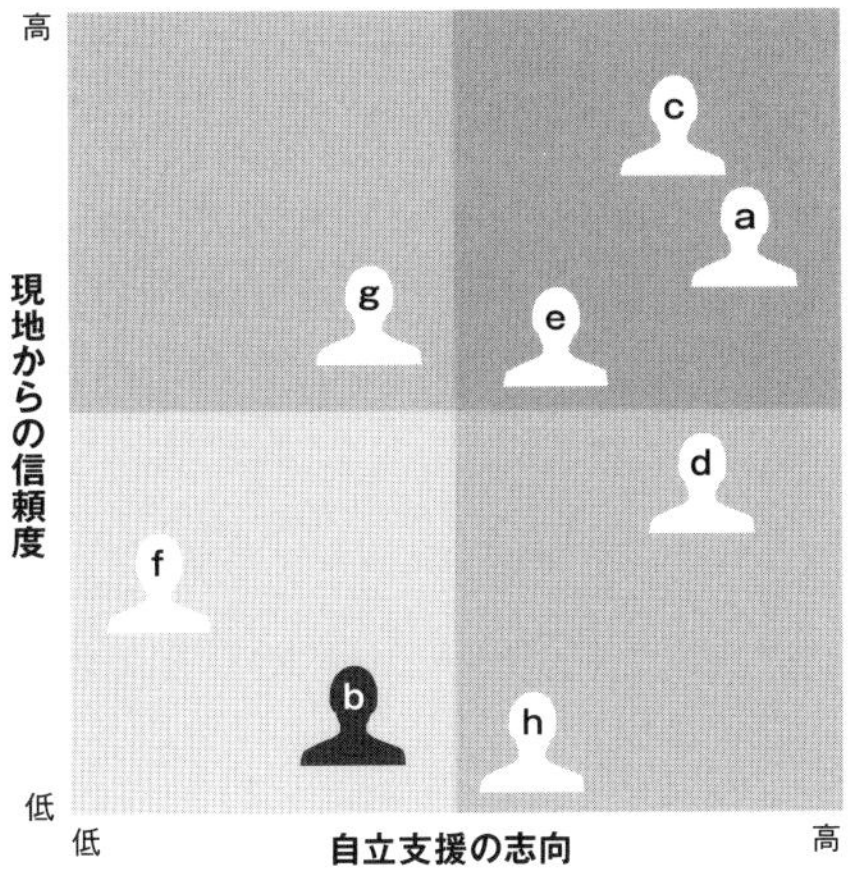

との状況に適したビジネス展開が叫ばれていました。そのためのマーケティングとして、現地の人にマネジしてもらい現地法人が自立していく、という流れがあったのです。ところがX社は、現地化を標榜していたにもかかわらず、しばしば日本サイドで集中コントロールしようとしたため、現地の評判は悪く、離職率も高かった。そんな中で、日本サイドの海外支援スタッフの人的資源の現状把握を行ったことがあったのです。

2つの路線を前提に人材の最重要スペックを2つ設定し、スタッフを評価しました。（a）と（b）を見比べると、同じ人物がずいぶん違う位置にいることに気付きます。bさんは、かつてはヒーローでしたが、評価軸が変わるとまるで困った人です。

マネジャーは部下の一人一人についてはよく把握しても、束ねた時のチーム戦力は、往々にして認識していないことがあるものですが、こうして俯瞰すると、集団として強いのか弱いのか、どこに強み・弱みがあるか、発見しやすくなります。人財ポートフォリオは、いわゆる見える化、可視化に便利な道具というわけです。

いずれの路線も、右上（2軸とも「高」のゾーン）に3人もいる幸運なケースです。現実にはポートフォリオの右上に誰もいない事態もあり得ます。マネジャーからすれば右腕なき状態です。

さあ、そうなるとマネジャーがプレイヤーとしてしゃかりきになって組織の目標を達成しようとします。しかしプレイヤーとして頑張れば頑張るほど部下は置いてけぼりにされ、人財は育たない。ますます頑張るしかない……そんな悪循環が予想できます。

右上に一人もいない場合、補強策はスポーツの世界と同じで、スカウトか育成かの二択です。しかし、他部署から優秀な人を引っ張ってくるのは抵抗が大きいし、中途採用だってお金と時間がかかります。もちろん育成にも時間が必要です。

結局、人材に関しては、将来のチーム像に沿って、少なくとも2、3年スコープで考える必要があります。左上にいる人と右下にいる人から矢印を引き出してみて、実現の可能性やどちらが早く右上に成長するだろうとか考えるのにも、人財ポートフォリオはもってこいです。

また、チーム分けやペアリングにも役立ちます。左上と右下のメンバーを組み合わせる相互補完型が典型例です。互いの長所を学び、吸収し合いながら、そろって右上のゾーンに育ってほしいものですね。もう一つ、右上と左下のメンバーのペアリングも有効な場合があります。入門者が経験豊かなベテランから学ぶ、かつての徒弟制度に近いフォーメーションです。

②人財ポートフォリオづくりの実際

では、実際に「人財ポートフォリオ」を作ってみましょう。軸の設定から入りますが、戦略を推進するためにあらかじめ必要な人財要件を書き出すのが第一歩です。能力・知識・スキル・姿勢等々、さまざまな要件がありますが、次の観点から2つを選んで、縦軸・横軸に設定します（**図表3-3**）。

・組織の業績を挙げたり戦略を推進する上で重要である

※戦略を推進する上で「理想の部下（実際にはいなくても可）」が右上にプロットされるように軸を選ぶことがポイント。

・変動が可能である

※例えば能力を軸に取った場合は変動可能ですが、性別は基本的には変わりません。

2軸では足りない場合は、色・大きさ・形を使えば、もう3つの要件を表すことができます。こうすれば5つの軸を使ってメンバーを平面上に展開できることになります（**図表3-4**）。例えば、CさんとDさんは縦軸・横軸に対する位置が異なります。大きさ・形は同じですが、色が異なります（色で表した属性が異なる）。あるいはDさんとGさんは、色・大きさは同じですが、形が異なります（形で表した属性が異なる）。

＊本書では色を便宜的にグレーの濃度で表しています。

図表 3-3 汎用的な軸の例

縦軸	横軸
人財の強み 変革推進⇔成長維持	**アサインの考え方** 機会提供⇔業績期待
成長可能性・ポテンシャル 低い⇔高い	**現在の業績貢献度** 低い⇔高い
危機感 低い⇔高い	**現在の業績貢献度？？** 低い⇔高い
対人関係力 低い⇔高い	**課題解決力** 低い⇔高い
語学力 低い⇔高い	**専門性** 低い⇔高い
営業特性 人間関係⇔技術専門性	**営業志向** 商品⇔ソリューション
キャリア志向 プレイヤー⇔マネジメント	**関心領域** 人間⇔課題

図表 3-4　人財ポートフォリオのサンプル

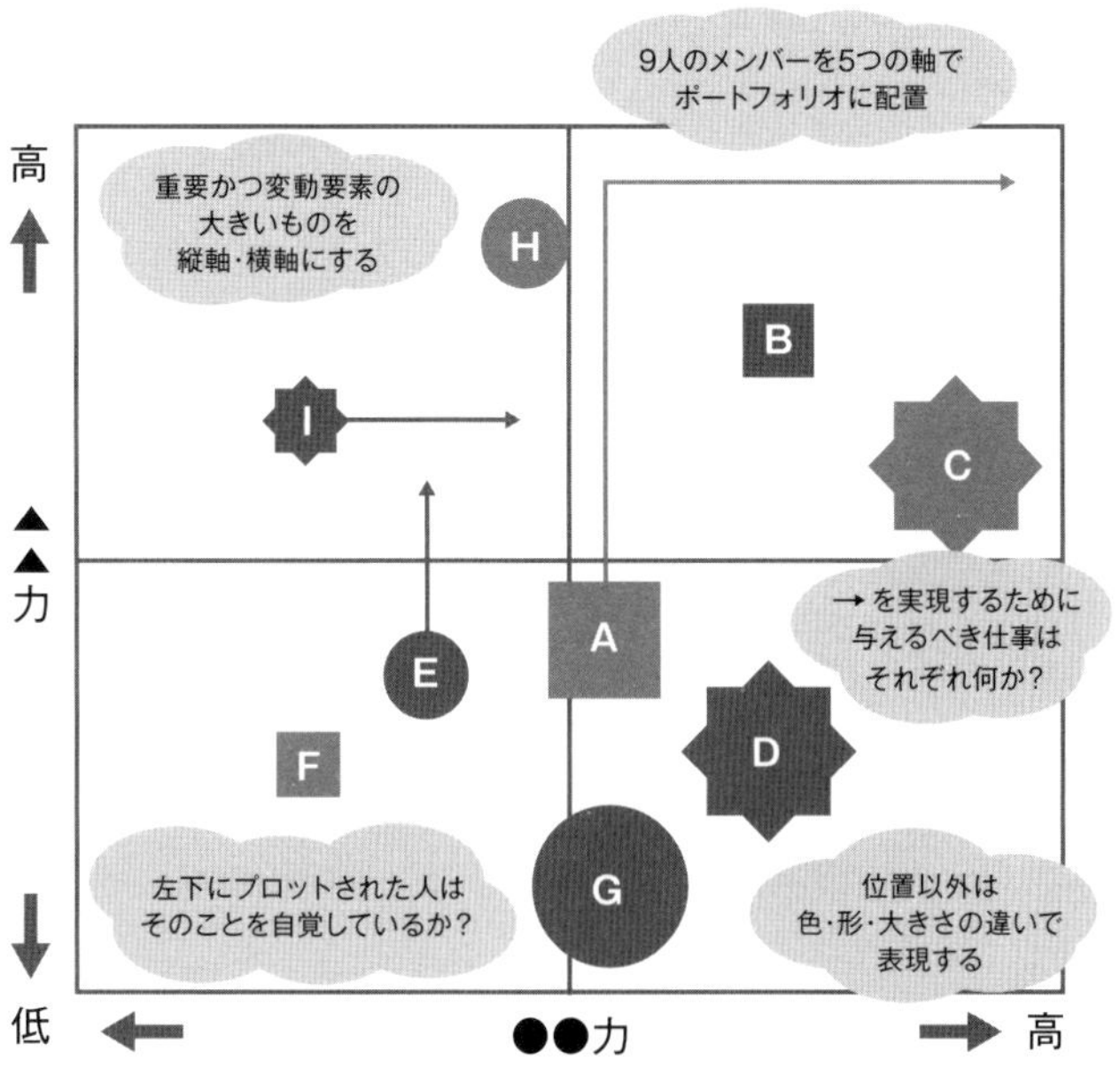

さて、メンバーの位置（&色・大きさ・形）を決めたら、矢印で時間の経過による位置の変化可能性を表します。すると、矢印を使って次のようなことが表現できます。

図のCさんは優秀なベテランですが、後2年で定年を迎えるため、それまでに後継者を決め、育成しなくてはいけません。そこで白羽の矢が立ったのが図のAさんです。矢印が現在地から2年後を表す右上まで延びていますね。2年がかりでここまで育ってほしい・育てようというわけです。

矢印のある人・ない人があり、長短もあるのが当然で、全員に付ける必要はありません。長い人は飛躍が期待される人財育成対象者ですが、矢印がない人には今の立ち位置で引き続き頑張ってもらうわけですから、誤解しないでください。

人財ポートフォリオは、人材育成計画にも威力を発揮することがお分かりいただけたと思います。

育成の話に及んだので、左下にプロットされているFさんについてコメントしておきます。実はこんな人の場合、自分の位置は中央だ、普通だと安心していることが多い。きっと成長意欲もないでしょう。この原因は、明らかにこれまでのマネジャーのフィードバック不足にあります。いい点は褒め、足りない点は指摘して改善を促す。これを日々やり続けることが大切ですが、詳しくは第4章「人づくりと結果づくり」の「褒め方・叱り方」をお読みください。

最近「今のままでいいんです」と言う人が増えています。働くことの目的が多様化している現代ではこれも十分にありだと思いますが、一つ落とし穴があります。何も努力しなければ今のままでい続けることは不可能。世の中はどんどん変わっていく、今のままを維持しようとすれば勉強や努力が必要となる。これは理解させてあげたいですね。

③人財ポートフォリオ・実践編

続いて、より実践的な人財ポートフォリオ作りへステップアップしましょう。

書き込む手順ですが、1人の属性を全部いっぺんに表現しようとすると、きっと混乱してしまいます。まず、全員の部下の縦軸・横軸に対する位置をプロットします。それが全員終わってから、マークの大きさ、色、形を反映させていくのがコツです。

最後に矢印を加えて成長の期待度を示します。ここでは、時間軸（年限）を決める必要があります。スパンが1年と2年では矢印も大きく違ってくるからです。同時に右腕は誰にするかを決めたり、将来の後継者も選んでください。右腕と後継者は同一の場合も別人の場合もあり得ます。後継者作りは時間がかかるとみておかなくてはならないので、マネジャーになった時から次期マネジャー候補を選んで育成を始めなければ間に合いません。

右上が空白の場合、典型的な次期エース不在状態です。かといって、そこで所長が頑張ったら部下が育ちませんから、後継の育成が急務です。

エース候補にどう火を付けるかが重要です。将来のキャリアについて対話して、努力の必要性に目覚めさせなくてはなりません。もしマネジャー志向があることを掘り起こせたのであれば、「今のままでいいと思う？ 対人関係を改めるよう頑張ってみよう」とか、「リーダーなら、部下に提案力の手本を見せないとカッコ悪いよね」とか、励ましの言葉をかけることができるでしょう。

この「キャリア」というキーワードは、部下に対してモチベーションをアップさせる最大の有効なツールです。部下のキャリアについて気を配り、早めに指摘すれば成長も早い。そうすればマネジャーも楽ができる（！）というものです。

次に、「目標マトリクス」を使って役割分担を決めていきます（**図表3-5**）。役割分担は、

・最も効果的なおかつ確実に組織目標達成に近づける

図表 3-5　目標マトリクス

グループ

課の組織目標	山田さん	佐藤さん	木村さん	鈴木さん	吉川さん	加藤さん	目標別留意点 ⬇
1. 売上 40億円							
2-1. 新商品導入50社							
2-2. うち、大口既存顧客20社							
2-3. うち、重点新規会社10社							
3-1. ソリューション営業への転換 1）ソリューションサービスのひな形3タイプ作成							
3-2. 2）A社型取引会社5社開拓							
4. 業務効率化 残業時間 10%削減							
個人別留意点 ➡							

一人一人に成長の機会を
与えられるような役割分担とは？
（ポートフォリオの矢印をどう実現するか？）

最も効果的に、確実に組織目標を
達成に近づける役割分担とは？
（能力・強みを活かす）

――メンバーの持つ強みや能力を活かし切る

・この仕事を通して一人一人に成長の機会を与える

――ほとんどの人は仕事を通して成長する

の両面から考えていただきたいのです。目標達成と人材育成の一石二鳥を狙いましょう。ビジュアルな目標マトリクスがあればそれができます。例えば人財ポートフォリオで長い矢印を付けた人には、それだけの場面を与えられるようになっていればいいのです。次の公式を頭に入れておきましょう。

役割分担　≒　個人の目標設定　≒　成長機会の創出

④絶品料理に入念な仕込みあり

人財ポートフォリオと目標マトリクスの狙いを確認して、この節の終わりとします。強調したいのは、この仕込みを入念にやることの重要性です（**図表3-6**）。たとえ回り道に思えても面倒がらずに仕込むのが、楽して結果を出す近道です。人財ポートフォリオと目標マトリクスをじっくり練り上げてください。私の長年の経験から言っても、最後に好業績を挙げているのは、目の前の数字に汲々としない、仕込みのうまい人なのです。見える化してあれば、どこに目をつければいいかすぐチェックできますよ。

図表3-6　人財ポートフォリオ・目標マトリクスの狙いとチェックポイント

目標達成（戦略推進）と人材育成が
自走化するように可能な限り仕込む
➡楽して結果を出すことへの（回り道だが）近道

人財ポートフォリオ

[1]今期業績達成と中長期戦略推進を前提とした要件（軸・色・大きさ・形）が適切に選ばれているか

[2]必要に応じて人材の調達や育成が考慮されているか、無理はないか（矢印と実現可能性）

[3]チーム分け役割分担は適切か（人材の偏りがないか）

目標マトリクス

[1]ポートフォリオの矢印が、目標マトリクスに反映されているか（仕事を通じた育成になっているか）

[2]特定の人物に負荷が偏っていないか

[3]本人（部下）が納得し得るか、組み合わせは現実的か、その対策は考慮されているか

[4]組織の方向性（戦略展開・ストーリー）や組織目標・方針に合致しているか

図にチェックポイントを用意しましたので、これを使って点検してください。いくつか解説をしておきます。

・人財ポートフォリオ

［2］の「無理」には、現実的になれという教訓が込められています。メンバー全員が右上のゾーンに1年で成長することはあり得ません。誰に重点を置くか考える必要があるし、人の育成・調達は時間というコストがかかります。ビジネスの戦略が2、3年がかりとすれば、人財戦略も早めに準備する必要があります。

［3］の人材の偏りですが、複数のチームを編成している場合など、チームごとに色を変えると、状況が一目瞭然です。

・目標マトリクス

［1］は、人が育ってほしければ、育つような仕事を与えなくてはならないという意味です。

［2］目標マトリクスを作成しておけば、負荷の状況がすぐつかめます。できる人に仕事が集中しがちなので、別の人に任せられる仕事はないか探しましょう。負荷を平準化させるのに活用してください。

［3］互いの持ち味を補完し合うのが理想的な組み合わせと思いきや、意外にも水と油

であることが多い。ではコンビ解消かと早まらないで、仮に水と油であっても、上司はそれを日々モニタリングし、融合させる対策を講じなくてはなりません。

3　部下の目標設定はどうあるべきか

続いて、目標マトリクスから部下の目標に落とし込むプロセスを説明します。皆さんの会社でも業績評価や目標管理が行われていることでしょう。最終的に一人一人の目標、すなわち、どんな期待をし、どんな結果を出してもらうかを明確にしていく必要があるはずです。その入り口での合意がうまくいっていない場合、仕事は進みませんし、当然結果も出ないでしょう。では目標はどうあるべきか、さまざまな角度から見ていきます。

①4つの妥当性から検証する（図表3-7）

目標が会社全体から部、課、従業員に至るまで正しく連鎖していなければ、会社としての戦略は実行・実現されないということになります。これが「戦略妥当性」です。戦略的に妥当かどうか確認する一番簡単な方法は、皆さんの目で部下の目標を見て、「それをやってもらってうれしい」と思えるかどうかです。逆に「書かれたことをやってもらっても、ちっ

図表3-7　目標の4つの妥当性

1.戦略妥当性

戦略・目標の連鎖（大組織－組織－個人）がなければ、会社の戦略は実現できない

・ただし、単純連鎖（上位目標の単純分割下方展開）ではない
・上方抽象性／下方具体性を考慮せよ（上位者の目標には見えない下位者の役割）
・組織的な成果創出モデル（組織編制と役割分担）を考慮せよ
・現在と未来のバランス、直接的な貢献と間接的な貢献のバランス

2.グレード妥当性

グレード＝給与水準、グレードと期待される役割は一致していなければならない

・給料分働け！（価値の交換原則）
・目標の達成度で評価される仕組み
・自分だけ高く評価されることによるモチベーションは一時的
・評価は衛生要因、「なんでこいつと給料いっしょ？」「大したことない奴が自分より給料高い？」が不満の要因

3.機会妥当性

目標設定は、成長の機会を設定することでもある

・人は仕事（経験）を通して成長する
・部下の目標設定は「経験のマネジメント」
・苦手・未経験の業務にチャレンジさせる

4.表現妥当性

表現が不適切であれば、ゴールイメージが共有できない、どこまで目指していいか分からない

・ゴール、到達点の認識（上司の期待と本人の認識）の不一致が業績低迷を招く
・進捗管理の指標が不明確になり、部下指導が単なる「ハッパかけ」になる
・定量化しにくい貢献も存在する（間接的な貢献や未来志向の仕事など）
・評価の納得性が低下し、モチベーション低下の要因に

ともうれしくない」、もしくは「肝心なことが抜けている」となると妥当でないということになります。

やってもらってうれしい・うれしくないは、ずいぶん乱暴に聞こえるかもしれませんが、その根拠はこうです。起点は、全ての従業員は会社に貢献することを前提に雇用されているところにあります。一般従業員からすると、私は今期どのような貢献をすればよいかを相談する相手が直属の上司ということになります。その上司もさらに上の上司と相談しています。これによって目標の連鎖（戦略の妥当性）が出来上がります。

飛躍するように思われるかもしれませんが、この話を上下反転させると、「マネジャーの目から部下の目標を見た時に、やってもらってうれしいかどうか」に、正当性が生じてきます。

「グレード妥当性」という考え方もあります。グレードに応じたレベルの目標になっているかどうかを検証します。俗な言い方をすれば、給料の分だけ働いてもらおうということです。

一方で、本人の能力に比してちょっとチャレンジングな目標が望ましいとよく言われますが、もしそのことを何の配慮もなく評価につながる目標にしてしまうとどうでしょうか。

残念ながら同じグレードの中にも、できる人とそうでない人がいます。一人一人が能力に応じた目標を設定するという話になってしまうと、「できる人ほど損をする」「できない人ほど得をする」という世界ができてしまわないでしょうか。

ですから基本的にはグレードに要求された目標を持ってもらうことが前提です。

＊資格、等級などを、本書では一括りにしてグレードと呼ぶことにします。

あるいは、「機会妥当性」という尺度もあります。これは本人の能力に比してちょっとチャレンジング、という意味合いです。部下に成長の機会になる目標を与えることになるわけですが、そうすると今度はグレード妥当性から外れる可能性があります。そんな場合、たいてい評価では達成度と難易度の両面で調整する仕組みになっていますから、忘れずに運用してあげましょう。

「表現妥当性」は、目標の書き方ということです。目標の表現方法についてよく数値化が推奨されますが、数値化しにくい、もしくは数値化できない仕事もあります。間接的な貢献や未来志向の仕事などの場合は定性的な表現でもいいじゃないですか。不自然に数値化した目標を達成したところで、仕事の目的を本当に達成したとは限りません。

②部下の責任と願望を統合する、評価制度の目標

目標を定義するなら、部下が「今期何を実現すれば、各人の役割・責任を全うすると言えるのかを、事前に、明確に（記述）したもの」ということになります。つまり、組織に対する貢献リストのような意味合いがあります。

「①私は今期、こんな結果を出します。②この件については、こんな状態に仕上げます。③……」と書いてくる。それを見たマネジャーの皆さんは、「うれしいぞ、ありがたい」と思えるかどうか。そしてグレードに適したものであるか。それが確認できたら、目標としてはOKとなるわけでした。

一言コメントしておきたいのは、「目標という日本語には『願望』的なニュアンスが強いが、企業活動における目標の意味は、第一義的に『責任』である」ということです。理由は単純、給料をもらっているからです。価値の交換原則からしても当然のことですが、一方で、願望のない仕事は、多くの人にとって味気ないことも事実。部下の責任と願望を統合してあげることが上司の仕事・腕の見せ場とも言えます。

「責任と願望の統合」とはややこしい言い方ですが、実は動機付けのことです。例を示しておきます。グレードが同じの部下が2人いて、どちらにやってもらってもい

い仕事があるとします。Aさんに話すと、できれば勘弁してほしいという返事、Bさんに話すと「それ面白そうじゃないですか、私にやらせてくださいよ」と言う。だったら、やりたいと言ってくれる人にやってもらおう。――これが単純な責任と願望の統合ですね。

今度はCさんにぜひチャレンジしてほしい、成長の機会にもってこいのテーマがあります。ところがCさんに話すと渋い顔をしている。そこで、「将来やりたいこととか、できるようになりたいこととか、こんなポジションに就きたいとか、語ってくれたよね。今回の仕事は、あなたが希望にたどり着くためのエントリーにうってつけだと思う。チャレンジする価値あると思うけど、どう?」と。「なるほど、それならやってみます」。――これは、本人の中長期的な願望＝キャリアと目の前の責任を結び付けようとした会話です。

昨今、部下とのキャリア面談を奨励する会社が増えているようです。面倒くさい、そこまでやる必要があるのかと感じるかもしれませんが、今述べたように、キャリアは部下の動機付けに最も効果的なワードだったりするのです。今やっている仕事が自分の将来にどうつながるかで動機付けされる人が多いわけです。キャリア面談は決して部下のためになるだけでなく、上司からすると動機付けの材料を見つける絶好の機会と言えるでしょう。積極的に利用したいものですね。

目標設定の手順ですが、

上司が部下に期待を伝える場を設ける
↓
部下が目標を起案する
↓
面談で擦り合わせる／上司が承認する

が基本です。ところが、期待を伝える場を設けないケースが多い。期待を伝えないでおいて、部下が自分なりに考えてきた目標を、片っ端から修正してしまう。これはどう考えても不健康な関係です。必ず期待を伝える場を確保しましょう。形式は必ずしも面談にこだわらなくても構わないのです。一緒にランチを食べながらでもいいでしょう。いずれにしても本人が上司からどんな期待をされているかを理解した上で部下が目標を考えてくるというプロセスを踏みたいものですね。

③目標の表現方法

いよいよ目標を作ろうとすると、表現方法の壁に遭遇します。一般的に目標は可能な限り数値化せよと言われます。それは評価がしやすくなること、上司と部下の間で到達レベルの認識が一致することが目的ですね。ところが数値化が難しい。あるいは不可能な目標（仕事）もあります。

これを無理やり数値化すると、それを達成したところで経営的な価値があるのか疑問な目標（意味なし数値目標）になってしまうことがあります。そこで定性的な目標であっても評価可能な目標を作るための「目標の表現技術」が求められます。

PRACTICE　休日の目標

ここで目標を書く演習にトライしましょう。皆さんの《今度の休日》の目標を書いてみてください。

> **《今度の休日》の目標を書いてみる**

では、書いていただいた目標の検証をしていきましょう。

想定した期間が終わった時点（休日の目標の場合は休日終了時点）で、実現できたかどうか判定・判断可能かどうか。
例えば「掃除をする」という目標を立てたとします。「やったかやらなかったかで判定・判断できるよね」と言う人がいますが、本当にそうでしょうか？　掃除をやったとしても、周りから「これじゃ、やったうちに入らない」と突っ込まれてしまう可能性がありますね。それは、掃除に関して暗黙の品質基準があって、そこに届いていないため「やったうちに入らない」となるわけです。
ちなみに、やったかやらないかで判定・判断できる目標を「01（ゼロ・イチ）目標」もしくは「オンオフ目標」と呼び、掃除は「品質目標」「レベル目標」に当たります。

---

④目標の5つの要件（HARVEST）

では、目標に必要な要件とはどんなものでしょうか。**図表3-8**の「HARVEST＝目標の構造」を使って説明しましょう。目標には次の5つの要素が含まれている必要があります。

［1］Head　line／Theme

目的／テーマ／タイトル。タイトルですので、およそ10文字以内、体言止め。どんなことに取り組むかを簡潔に表現します。

図表3-8　目標の構造【HARVEST】

目標を構成する5つの要件

「Vision / Goal Image」の共有なくしてチームワークなし
「Evaluation Standard」なくして評価なし
「AppRoach」の明確化なくしてマネジメントなし

Head line / Theme
目的・テーマ・タイトル
どんなことに取り組むのか？
～のために

AppRoach
手段・方法・アプローチ
アクションプラン
どんなやり方で取り組むのか？
～することによって

↓ **AppRoach**

Vision / Goal Image
ビジョン／ゴールイメージ
どんな状態を目指すのか？
理想とする状態とはどのようなものか？

Evaluation Standard
評価基準・達成基準
何をもってゴールイメージが実現できたといえるか？
証拠・証明・現象

Term
期限・期間
いつまでに

［2］Ｖｉｓｉｏｎ／Ｇｏａｌ Ｉｍａｇｅ
ビジョン／ゴールイメージ。どんな状態を目指すのか、理想とする状態とはどのようなものかです。目標を達成した暁の状態とはどんなものか。共有の説明のところで「同じ映像が部下の目に浮かんでいますか」と指摘しましたが、まさにそれを指しています。
［3］Ｅｖａｌｕａｔｉｏｎ Ｓｔａｎｄａｒｄ
目標が本当に達成できたかどうかを判定・判断するのが、評価基準・達成基準です。証拠／証明／現象を記述します。
［4］Ｔｅｒｍ：**いつまでに、期限・期間**
納期ですね。これも明確にします。
［5］ＡｐｐＲｏａｃｈ
アクションプラン。どんなやり方で取り組むのかという手段／方法／アプローチのことです。

具体的な例で説明しましょう。かつて中途採用した私の部下に勉強用として、「夏休みの目標」を書くよう言い渡しました（**図表3-9**）。最初はこう書いてきました。
妻と一緒に沖縄旅行に行く

仮にこれを目標とすると、沖縄旅行に行ったら100パーセント達成で、行かなかったら0パーセントということになります。典型的な01目標・オンオフ目標ですね。ちょっと疑問を感じたので、なぜわざわざ沖縄旅行に出掛けるのか、問いました。すると「最近、夫婦関係がギクシャクしているので、改善したいんです」という返事です。これで本来の目的が見えてきました。

Head line／Theme：夫婦関係の改善「～のために」
AppRoach：妻と一緒に沖縄旅行に行く「～することによって」

もし沖縄旅行に行くこと自体が目標だとすれば沖縄旅行に行けば100パーセント達成ですが、「あなたとは二度と行かない」と言われてしまったら、夫婦関係の改善という観点からするとマイナス100パーセントです。同じ結果でもどの角度から見るかによって評価が正反対になるという現象が起きていることになります。会社でも同じで、どの部門から見るかによって仕事の評価に天と地の開きが生じることがあるものです。

さてそこで、「どういう状態になったらいいの?」と聞いてみました。すると帰ってきた答えは「仲良しになっている」(笑)。もう少し具体的にならないかと聞くと「新婚時代に戻ったような仲良しになっている」と修飾語を付けてきました。実現は難しそうですが、

図表3-9　あるマネジャーのケース

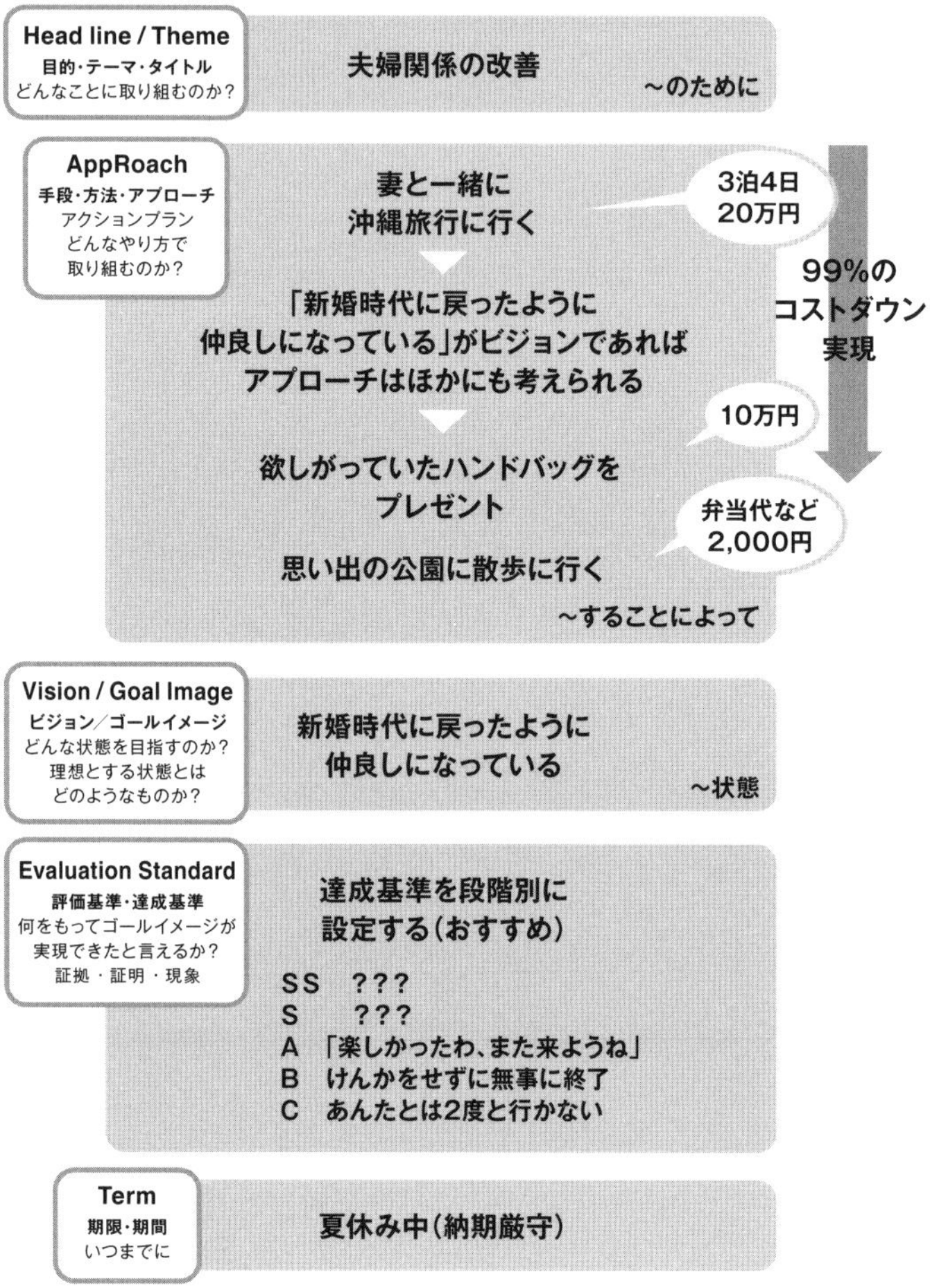
Head line / Theme
目的・テーマ・タイトル
どんなことに取り組むのか?
夫婦関係の改善
~のために
AppRoach
手段・方法・アプローチ
アクションプラン
どんなやり方で
取り組むのか?
妻と一緒に
沖縄旅行に行く
3泊4日
20万円
「新婚時代に戻ったように
仲良しになっている」がビジョンであれば
アプローチはほかにも考えられる
99%の
コストダウン
実現
10万円
欲しがっていたハンドバッグを
プレゼント
弁当代など
2,000円
思い出の公園に散歩に行く
~することによって
Vision / Goal Image
ビジョン/ゴールイメージ
どんな状態を目指すのか?
理想とする状態とは
どのようなものか?
新婚時代に戻ったように
仲良しになっている
~状態
Evaluation Standard
評価基準・達成基準
何をもってゴールイメージが
実現できたと言えるか?
証拠・証明・現象
達成基準を段階別に
設定する(おすすめ)
SS　???
S　???
A　「楽しかったわ、また来ようね」
B　けんかをせずに無事に終了
C　あんたとは2度と行かない
Term
期限・期間
いつまでに
夏休み中(納期厳守)

これでビジョン／ゴールイメージは明らかになりました。

Vision/Goal Image：新婚時代に戻ったように仲良しになっている

いよいよ、実現できたかどうか、どうやって判定・判断するか、評価基準・達成基準を明らかにしなくてはなりません。できれば数値化したいところです。彼が最初に言い出したのは「沖縄旅行に1回行く」でした。AppRoachに戻ってしまいましたね。しかもこれでは沖縄に2回行ったら2000パーセント達成になってしまいます。意味がないですね。次に散々苦しんで「奥さんの満足度80パーセント」と答えましたが、計算方法が見つからず却下になりました。そう、これらは「意味なし数値目標」と呼ばれるものです。一見もっともらしく数値目標が設定されていたとしても、それを達成したところで経営的価値が本当にあるのか？　あるいは算出方法が確立されていない。恣意的《しいてき》に操作できるようなもの、あなたの周りにも存在しませんか？　そこでやむなく定性的な評価基準に変更し、議論した挙げ句、「奥さんの満足度」という指標に対してその水準感を文章で表すことにしたのです。

Evaluation Standard：達成レベルの表記

A「楽しかったわ、また来ようね」…100パーセント達成

Ｂ「旅行中、けんかをせずに無事に終了」…80、90パーセント達成
Ｃ「あんたとは2度と行かない」…0パーセント達成

この上にＳ、ＳＳという達成レベルもあったのですが、ご想像ください（笑）。

このように段階別の評価基準としておくのがおすすめです。そのメリットは、例えば難しい目標の場合、Ａ評価は達成できそうもないと諦めてしまわないで「少なくともＢはクリアし、Ａの達成に向けて一緒に頑張ろう」と激励できる点です。またもしＡが余裕で達成できそうなら、その上のレベルのＳを明確にしておき、評価もＳとすれば、動機付けにもつながっていきますね。

ここで少し話題を変えます。夫婦関係の改善が目的なのにいきなり「沖縄旅行」を持ち出したことから想像できるように、例に挙げた部下には「手段に走りやすい」という傾向がありました。

しかし新婚時代に戻ったように仲のいい状態をゴールにするなら、他にも手はあるはずです。ハンドバッグを買ってあげるプレゼント作戦、初デートした思い出の公園に散歩に行く手もあります。これらの方法はいずれも「新婚時代に戻ったように仲良しになってい

る」ことを実現できるのであれば、どれをやってもいいですよね。コストを考えても、沖縄旅行20万円、ハンドバッグ10万円、散歩は弁当代の2000円と、99パーセントのコストダウンだってあり得ます。

教訓にしていただきたいことがあります。マネジャーの皆さんはプレイングの部分を徐々に部下に引き継いでもらわなくてはいけません。ありがちなのは「この仕事は難しいから引き継げる人間がいない」と思い込んでしまうことです。長らくやってきた仕事には、必要以上にやり方を複雑・高度化させてしまっている傾向があって、その結果、自ら引き継ぎを難しくしている側面が強いのです。

そこで改めてゴールイメージを問い直してみて、もし「ここまでのことはしなくてもいいかもしれない」と思えたのであれば、最初に部下にゴールイメージを渡し、自分でできる方法を考えてもらいましょう。そうすれば、沖縄旅行を散歩に変更するようなグッドアイデアが出てくるかもしれないのです。

⑤評価基準・達成基準の種類（PREP）

次に、「Evaluation　Standard：評価基準・達成基準」をさらに掘り下げていきましょう。

目標を二軸で表現したいと思います。定性・定量を横軸、結果とプロセスを縦軸に取ります。すると、「定性的な結果目標」「定量的な結果目標」「定性的なプロセス目標」「定量的なプロセス目標」の4象限ができます（**図表3-10**）。

この4象限図はなかなか便利ですから、ぜひ使いこなせるようになってください。たいていのものを目標表現～評価基準・達成基準表現できる優れものです。

PRACTICE　ダイエット

ここで図の考え方をご理解いただくため、演習問題を用意しました。お題は「ダイエット」です。先ほどの4象限に従って評価基準・達成基準を設定します。先ほどの図《応用例1》にはあらかじめサンプルが記入されていますから、これをダイエットに置き換えてみます。記入が済んだら次に進んでください。

さて皆さんはどの象限から書き始めましたか？　ダイエットの目標と言えば「○キロ痩せる」と考える人が多いので、たいてい右上（定量的な結果目標）から入ります。

図表3-10　PREP図と《応用例1》

数値目標は万能ではない

戦略の変更があるとき、
未来を構想するとき、
定性目標がより
重要になってくる

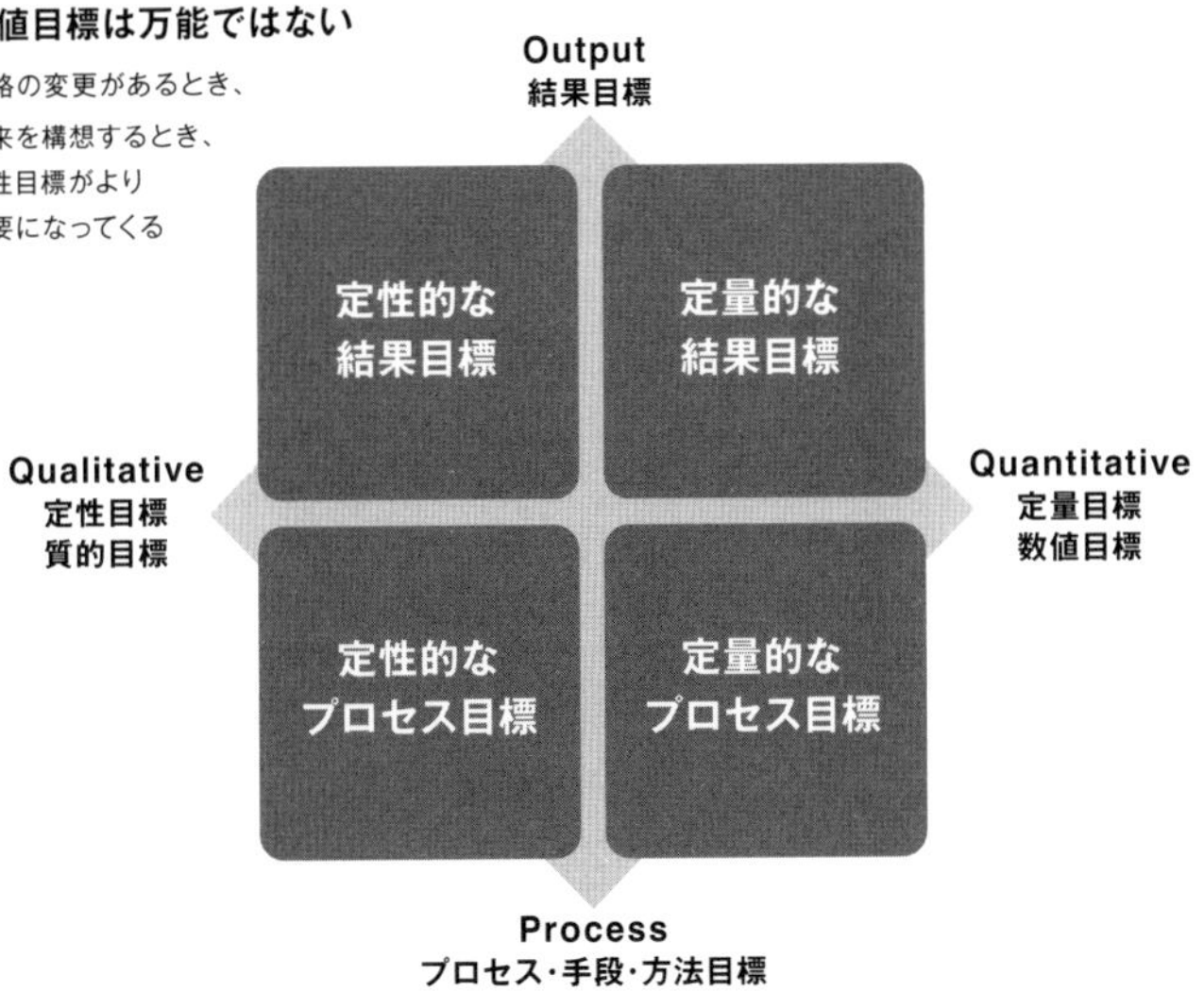

《応用例1》

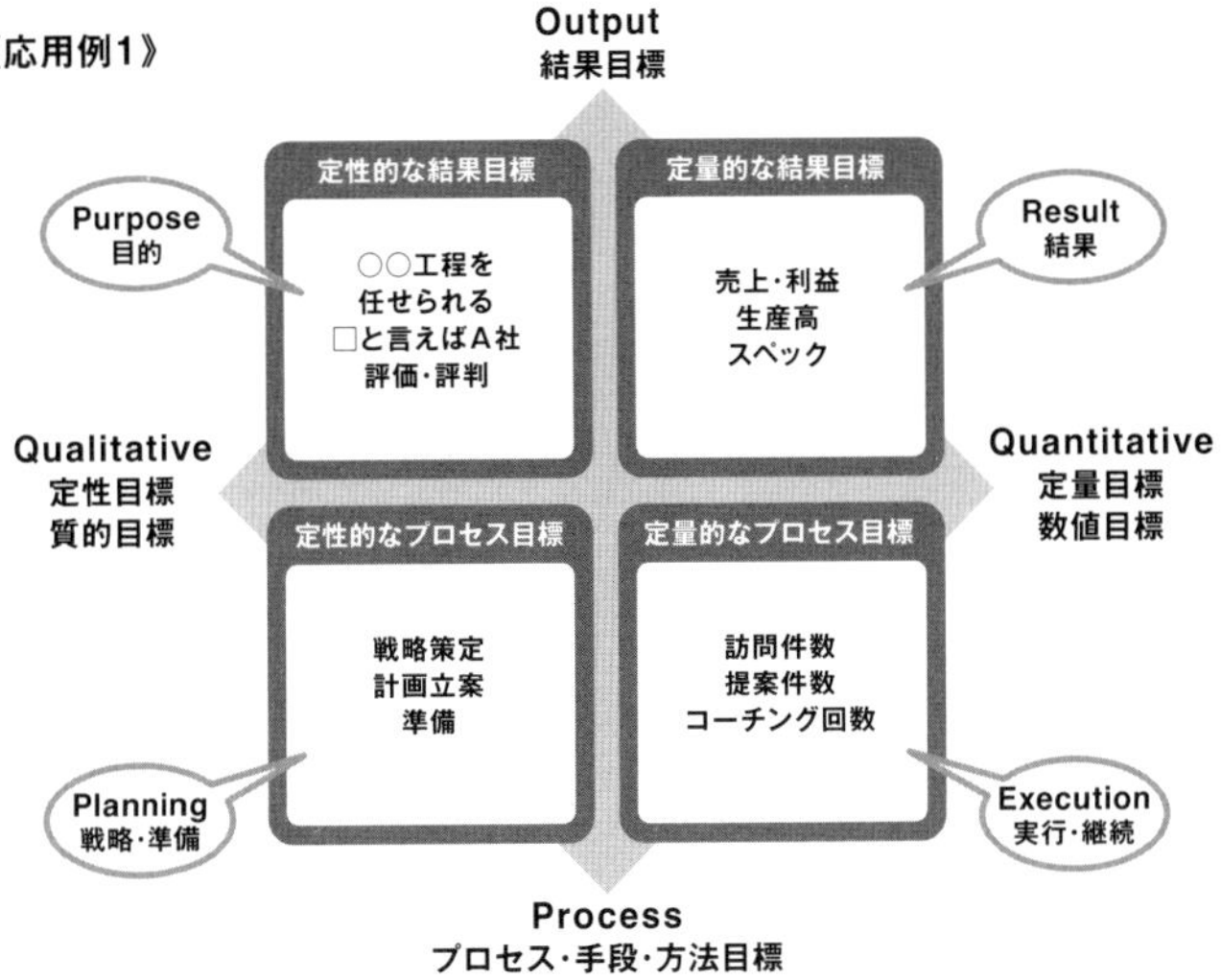

私もそうでした。なお、ここから用いる例（**図表3－11**）は、私がかつて実際にダイエットにチャレンジした時のデータです。

・体重70ｋｇ　・体脂肪率20％

・ウエストサイズ80ｃｍ　・ＢＭＩ26

次はどちらへ進みましたか？　左でしょうか、下でしょうか？　ここはぜひ左（定性的な結果目標）に行っていただきたい。なぜかというと、4象限の上半分の2つは、自分が欲しいものです（これに対して下半分の2つは、やり方です）。つまり、定量・定性を問わず、自分が何を欲しているか一通り明らかにします。まず上半分を考え、その後で下半分のやり方に進みましょう。

・痩せたねと言われる　・ダイエット本出版

・新橋駅の階段を上っても息切れしない　・昔のズボンがはけるようになる

・サスペンダー不要

「昔のズボンがはけるようになる」なら数値化できると言う人がいます。「ウエストサイズ80ｃｍ」でいいじゃないか。確かにそうです。では一つお聞きします。皆さんなら、強い動機になるのはどちらの表現ですか？「昔のズボンがはける」ですか「ウエスト80ｃｍ」ですか？　研修の場面で数万人以上に聞いていますが、「ウエ

図表3-11　PREP図と《応用例2》

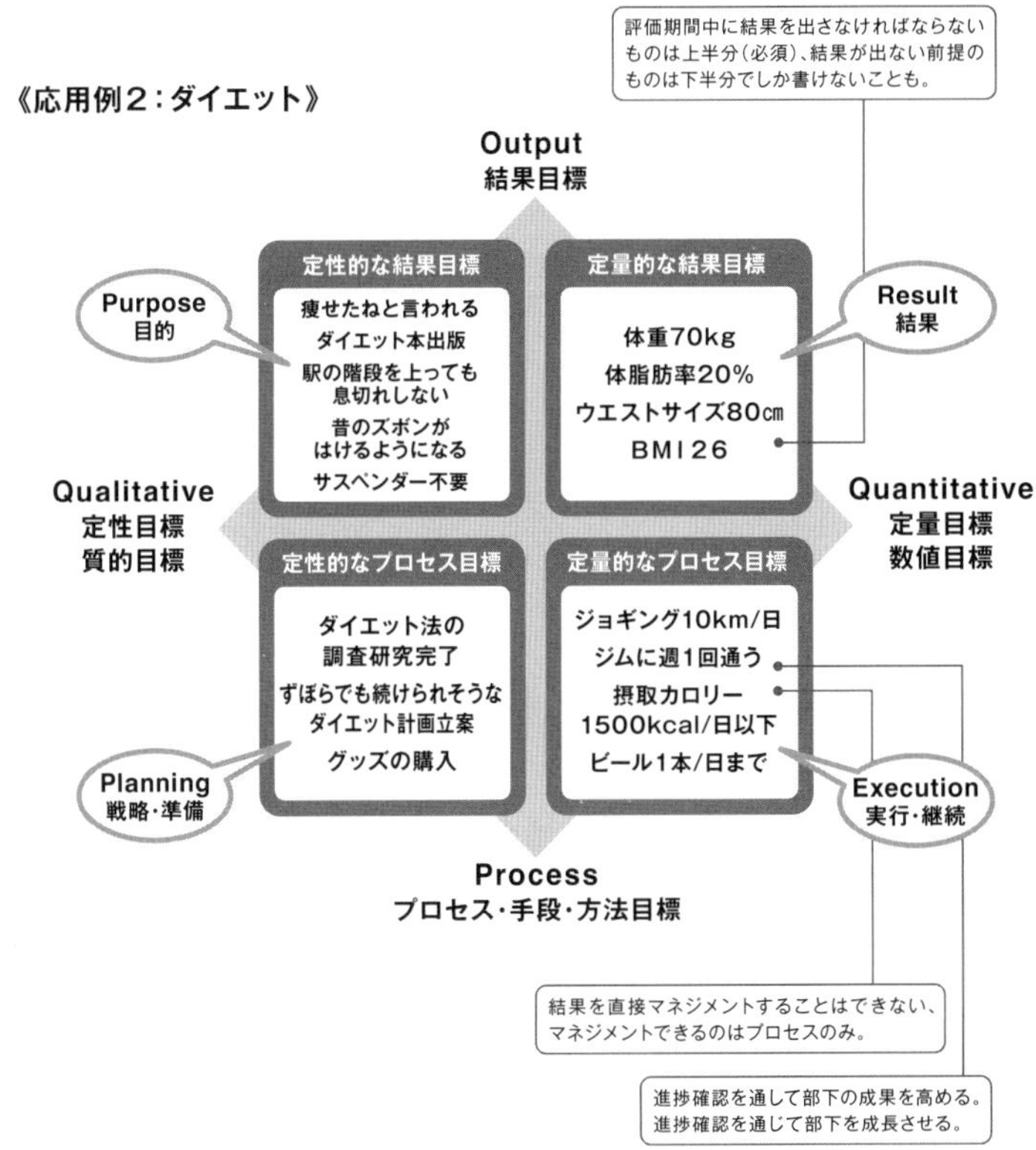

スト80cm」派が約2割、「昔のズボン」派が約8割。ということは、定性的な表現に動機付けられる人が多いということになるわけです。しかし数字で盛り上がる人も確かにいます。であれば、両方語っておけばいいということになりませんか？

自分がプレイヤーであれば目標は自分で盛り上がれたらOKですが、マネジャーは目標によって人々を動機付けする立場にあります。さまざまな人たちを動機付けるのであれば、目標は定性と定量を組み合わせて伝えましょう。目標は定性と定量を組み合わせると訴求力・伝播力、浸透力が高まります。

もう一つ、マネジャーには関係部署の支援を勝ち取る役割も求められます。そこで理解しておきたいのが、数値の目標は意外に訴求力がないということです。他部署の数値目標は関係者でなければなかなかピンときませんね。いろいろな人から目標について共感・理解を得るためには、定性的な価値説明が不可欠ということです。定性と定量を組み合わせて、支援を勝ち取りましょう。

右下の定量的なプロセス目標に移ります。私はこうしました。

・ジョギング　10km／日　・ジムに行く　週1回

・摂取カロリー　1500kcal／日以下　・ビール　1本／日まで

最後に左下の定性的なプロセス目標です。

・ダイエット方法の調査研究完了
・ずぼらでも続けられそうなダイエット計画を立案
・必要なグッズの購入

これをご覧になると、こんなものが目標になるでしょうかとうたぐる人がいます。ところが、左下は時と場合によっては大変重要な領域になり得るんです。例えば2年がかりで結果を出す仕事があったとして、初年度上半期の目標が「各種の調査・研究を行い計画書にまとめ、半年以内に経営会議の承認を取る」だとしたらどうですか？「戦略・準備」の領域に相当する、おろそかにできないプロセス目標だということが納得いただけたと思います。

では次に、初年度下半期は右下に進んで、「承認された計画書に記述されている施策を、遅滞なく予定通り継続的に実行する」という「実行・継続」のプロセスに入ります。

2年目はいよいよ結果を求められますが、右上の「結果」→左上の「目的」と、時間の経過とともに目標のフォーカスが反時計回りに動いていく傾向が見られます。

これを評価に関連付けると、評価期間中に結果を出さなければいけない仕事は、上半分に記述されていなければいけません。一方、評価期間中に結果が出ない前提のものは下半分でしか書けないかもしれません。従って、先を見た仕事をやろうとするほど、下半分の占める割合が高まります。仮に目標が上半分だけで書かれているとすると、今期結果を出す目標だけが設定されていることになります。

ですから、組織目標のところで触れたように今期の結果を出しつつ将来に向けての布石も打つという二段構えで考える場合は、上半分と下半分がバランスしていなければ、目の前の仕事しか盛り込まれていないと言えます。

もう一つ、部下に結果を出してもらう側面から考えてみます。結果そのものはマネジできないので、マネジできるのは下半分のプロセスだということになります。

ダイエットで言えば、ジョギングやジム通い、食生活の管理を毎日実行・継続しているかどうか、マネジャーの役割で言えば、進捗管理・進捗確認に相当します。進捗管理によって部下の成長を高め、上半分の結果にたどり着いてもらいましょう。進捗管理・進捗確認は同時に育成行為でもあるのですが、それは第4章で取り上げることにしましょう。

第4章
人づくりと結果づくり

鈴木課長の悩み4

育成はつくづく疲れる仕事だ。基礎力の全体的な底上げを目指して部下育成も頑張ったつもりだが、負担が大きかった割に成長につながったようには感じられない。メンバーは頑張ってはいるが、向いている方向が各人バラバラ。将来について面談の予定が入っているが、十人十色、一長一短の部下の顔を思い浮かべると、気が重い……。

1　人づくりと結果づくりをいっぺんにやる

この章の本題に入る前に、人づくりと結果づくりが一つの章にまとめてある理由を改めて説明しましょう。皆さんが一番気にしているテーマを簡単に扱っているような印象を持つかもしれませんが、いっぺんに説明するのは理由があります。それは、人づくりと結果づくりはいっぺんにやりたいからです。

人づくりと結果づくりを別物と捉えると、やることが2倍になります。しかし、一番効果的なのは、結果づくりを通して育ってもらうやり方です。すなわち、進捗管理が育成につながっていくということです。

多くのマネジャーは人づくりと結果づくりを別物として捉えています。人づくりだけを切り出してやろうとするのですが、これがなかなかうまくいきません。対象物が不明確だからです。ところが「この仕事ができるようになろう」と言えば、能力開発のテーマが明確になるというものです。

2　楽しまなくちゃ育成じゃない

①マネジャーによる部下育成の意味とは？

部下の育成は、マネジャーに期待されている役割として少なからぬ比重を占めています。では皆さんはマネジャーが部下を育成する「意味」を考えてみたことがありますか？　皆さんがメンバーを育成するということは、それぞれの立場の人にとってどんな価値を提供することになるでしょうか。育成の対象であるメンバーはもちろんですが、会社にもたらすメリットは何でしょうか。あるいは、皆さん自身にとって都合の良いことはあるんでしょうか。反対にデメリット（障害）のようなものは発生するんでしょうか。

会社、マネジャー、メンバーにとってのメリット（価値）とデメリット（障害）を整理してみたのが**図表4-1**です。研修でよく出てくる例を整理してみました。

［1］メリット（価値）

会社に提供するメリットですが、まずは「会社（事業）の継続・発展」でしょう。もう一つ、「組織編成の柔軟性」も挙げられます。これは組織のリーダーにふさわしい優秀な人材をふんだんに育ててほしいという意味です。

図表 4-1　マネジャーによる部下育成の意味（一般的な例）

	会社	マネジャー（あなた自身）	メンバー（部下）
メリット（価値）	•会社（事業）の継続・発展 •組織編成の柔軟性	•自分が楽になる •チーム業績の向上 •自分の成長 •入院できる！ •異動できる！* •休みが取りやすくなる	•自分の成長・自信 •昇進・昇給 •キャリア開発 •（転職可能）
	←	横につながっている	→
デメリット（障害）	•（人材の流出） •金がかかる	•面倒 •時間がかかる •部下が生意気になる •部下に追い越される •自分の居場所がなくなる	•責任が重くなる •自分の希望と異なる •余計なお世話

*単身赴任の解消

次に皆さんマネジャーにとってはどうでしょう。真っ先に追求したいのは、「自分が楽になる」ことではありませんか？　「チーム業績の向上」はもちろんです。また、教える・育てることは自分自身の成長にもつながります。さてここからは変化球です。かつて「入院できる」がメリットだと答えた人がいました。入院したいが無理して通院しているんだそうです。それからこれはよく聞く話ですが、「異動できる」。これは単身赴任の解消なんです。戻してほしいがなかなか戻してもらえなかったりする。なぜかというと、後任・後継が育っていなくて動けないいんですね。「休みが取りやすくなる」というのもあります。

最後になりましたが、メンバーにとってのメリットには当然ながら「自分の成長・自信」「昇進・昇給」「キャリア開発」が挙げられます。注意したいのは「転職可能」です。これは人材流出ですから会社にとってデメリットです。だったら育成なんかしなければいいという乱暴な人がいますが、逆に、うちの部下たちは「どう考えても転職できるはずがない」状態だったらどうでしょう。そんな部下ならごめん被りたいと思いませんか。どこに行っても活躍できる面々が自分の部下でいてくれる。ぜひそんな状態を築きたいものです。ですから転職を恐れて育成しないという判断はないのではありませんか。

［2］デメリット（障害）

今度はデメリットをマネジャーの側から考えてみます。よくあるのは「面倒」「時間がかかる」「部下が生意気になる」。結構出てくるのは「部下に追い越される」「自分の居場所がなくなる」です。マネジャーをやっていればいつか出くわすのが、自分よりも優秀な部下です。気を付けなければいけないのは、そんな部下を誤って潰しにかかる行為です。では、自分より優秀な部下が出現したらどうしたら良いでしょう。負けないように自分を磨き続ける――これ無理かもしれないですね。それなら最後の手は、せいぜい面倒を見て、将来可愛がってもらう、です（笑）。会社人生、上司と部下といえど今だけの関係ではありません。誠意を尽くして対応しましょう。

メンバーにとってのデメリットには何があるでしょう。「責任が重くなる」「自分の希望と異なる」「余計なお世話！」というのがよく聞く例ですが、人財ポートフォリオのところでも言及したように、最近増えているのが「今のままでいいんです」という人たちです。向上心に欠けると言いたくなりますが、今の世の中、こういう生き方もありなのかもしれません。昔のように年功序列の世界で時間とともに給料が上がっていく時代に、「今のままでいい」と言うと給料泥棒と呼ばれかねませんが、現代は、黙って給料が上がっていく時代ではありません。働くことの意味合いが多様化の方向に変化してきていますから、年収に見合った仕事をしてくれているなら、それもOKなのかもしれません。

［3］発想の逆転

さて、個々の項目もさることながら、ここで注目していただきたいのは中央を横切る太い矢印です。このように、部下育成の持つメリット・デメリットは、会社↕マネジャー↕メンバーとつながっています。もしマネジャーの皆さんが会社のため、部下のためと、思い詰めて育成に取り組むとしたら、義務感や責任感に追いまくられることになりそうです。

しかし発想を逆転させてみると、マネジャーの皆さんは自分が楽になるのを主目的に育成しても、会社のため、部下のためになるのですから、バチは当たらないということになります。「部下を育てて自分が楽しもう」なら、マネジャーの世界観はShould／MustからWant／Desire、義務から意欲へと一変するでしょう。

いかがですか？　どうせやるなら育成を楽しもうというのが、私の提案です。

COLUMN　育成と生産性の法則

――部下育成にまつわる話題を2つご紹介します。**図表4-2**をご覧ください。

図表4-2　Jカーブと緊張度

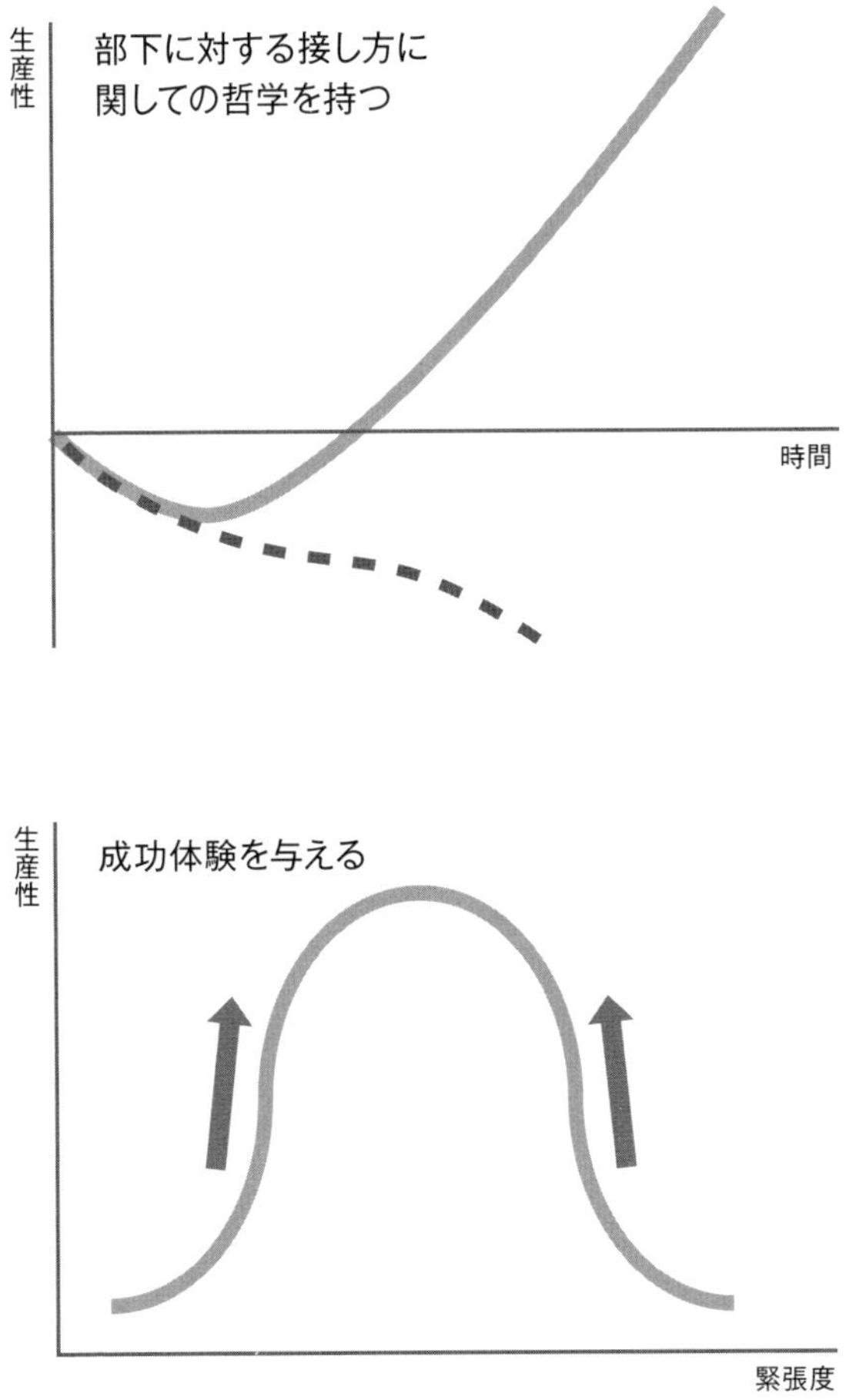

［1］ Jカーブ

「Jカーブ」は、投資の世界から借りてきた用語で、「投資開始早々はたいていマイナスに転じるが、うまく回転させればやがて上昇に転じておいしい果実が手に入る」というシナリオです。

これは育成にもピタリと当てはまることで、多くの場合、育成に着手したり、部下に任せ始めると、当座の生産性は低下するものなのです。ここでくじけてしまう必要はありません。へこみは覚悟せざるを得ませんが、それを最小限にとどめて早期に反転上昇するにはどうするかを追求します。これが、これから学んでいただく進捗管理と育成の話です。

それには部下に対する接し方に関して、皆さん一人一人が自分の哲学を持つことです。「最初は均等に機会を与える」などもいいでしょう。よく見かけるのは、ポリシーを決めておかないまま進んでいって、いろいろな部下に出くわして動揺し、思い悩んでいる人たちです。しかしここを乗り越えさえすれば、おいしい果実が待っています。楽もできます。出勤も楽しくなり、自由な時間も手に入ります。それを楽しみにやりませんか。次節のコミュニケーションスキルやタイプ把握ツールも役に立つでしょう。

また、投資の原則にならうとすれば、リターンの見込めるところにエネルギーを集中投下する、すなわち、場合によっては育成する部下を選ぶことも必要になります。

［2］緊張度

程よい緊張感があるといい結果が得られ、緊張の度が過ぎると本来持っているはずの力も出せない。これは誰にも覚えのある経験ではないでしょうか。この経験則は育成にも応用することができます。つまり、部下に成功体験を積ませて自信を回復させたり、持っている能力を発揮してもらうのです。無用な緊張から解き放ってやるのもマネジャーの役目だったりします。なぜなら部下の活躍が生産性の向上をもたらすからです。これをまとめると、

・挑戦的な課題を与えることにより、①能力・スキル向上による生産性向上、②緊張度を強化することによる生産性向上の2つが期待できます。

・育成することにより、①能力・スキル向上による生産性向上、②緊張度を緩和することによる生産性向上の2つが期待できます。

成功体験をさらに完成へ導く方法はこの章のケーススタディーで詳しく解説します。

3　育成とコミュニケーション

進捗管理も目標設定も、マネジャーと部下とのコミュニケーションを通じて行われます。そこでコミュニケーションをよく理解し、自信が持てるようになれば、マネジメントをもっと自在に行えるようになります。まずこのコミュニケーションを解きほぐしてみましょう。

①コミュニケーションの因数分解

コミュニケーションをこんなふうに定義してみました。

コミュニケーション＝コンテント（伝えたい中身）×プロセス（伝え方）

伝えたい中身があります。それをどう伝えるか。この組み合わせだということです。これは経験的に皆さんやっていることですね。部下のAさん、Bさんがいて、両方に同じことを伝えなくてはならないとします。伝えるのは同じことですから、コンテントは一緒ですが、プロセスの部分、つまり伝え方は相手によって変えているはずです。例えばAさんには単刀直入に「これやっといてね」でおしまい。Bさんには背景をあれこれ説明して「ぜひとも君にやってほしいんだ」と言わないと、うんと返事してくれない。そんな使い分けのことです。

ということで、コミュニケーションは、コンテントとプロセスの掛け算ということになります。

第3章のHARVEST＋PREPで説明しましたが、目標設定、ゴールイメージ、達成基準は明確でなければなりません。それはコンテントの輪郭を鮮明にする作業でした。輪郭がぼんやりしていると伝える側と受け取る側で理解が違ってしまいます。

次にプロセス（伝え方）ですが、これに関しては世の中にさまざまなスキルやツールがあります。その中からまずご紹介するのが「共感的コミュニケーション」です。

②共感的コミュニケーション

「共感」とは、相手が状況をどのように理解し、どう感じているかを相手と同じレベルで感じ取り、それに合わせて対応することです。迎合ではなく、同感や同情とも異なります。

共感的でないコミュニケーションから説明してみます。相手が何か言ったとすると、その「言葉に直接的に反応」するのが非共感的コミュニケーション。「理屈に反応」してこちらも理屈でねじ伏せようとするのも非共感的コミュニケーションです。

これに対して共感的コミュニケーションは、相手の言ったことの「内面」に目を向けます。

なぜこの人はこんなことを言い出したんだろうか？　相手の背景・前提・思考回路・感情回路までさかのぼってみます。すると、なるほど、言いたかったのはそういうことなのかと理解し、反応する。これが共感的コミュニケーションです（**図表4-3**）。

共感的コミュニケーションを心掛ければ、一人一人の部下の特性を理解し、適切な指導方法を使い分ける入り口になるはずです。

ちなみに「共感的コミュニケーション」という文字を見た瞬間に勘違いする人がいます。「また部下に優しくなれというんですか」という反応が返ってきます。そうではありません。実は「共感的コミュニケーション」を巧妙に使って悪事を働いている連中がいて、その代表格が詐欺師です。コミュニケーション＝コンテント×プロセスの定義のうちで詐欺師が優れているのはプロセスで、コンテントが最低なんです。もちろん皆さんに期待されているのは、とてもいいコンテントを上手に伝えることです。

この共感的コミュニケーションを実践するためには、部下の内面を見ようというわけですから、理解が必要です。それを面倒くさいと感じる人がいるかもしれないですが、部下にやさしくなれではなく、部下を「手玉に取れ」「手のひらの上でころがせ」ということです。

図表 4-3　共感的コミュニケーションのイメージ

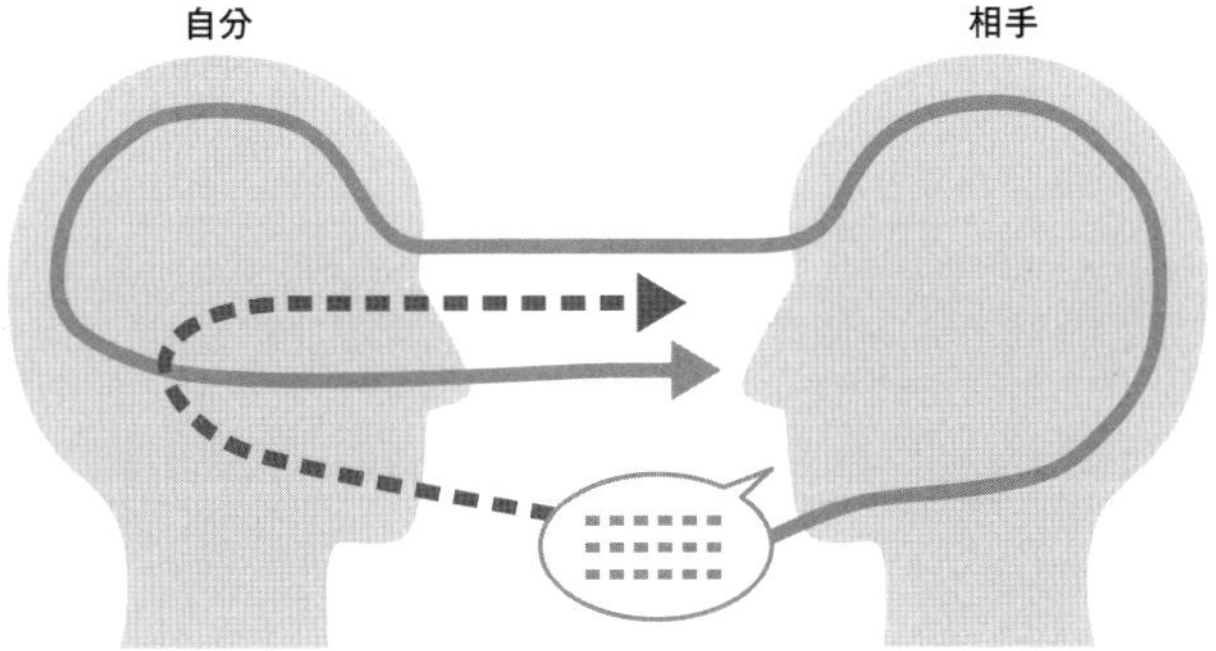

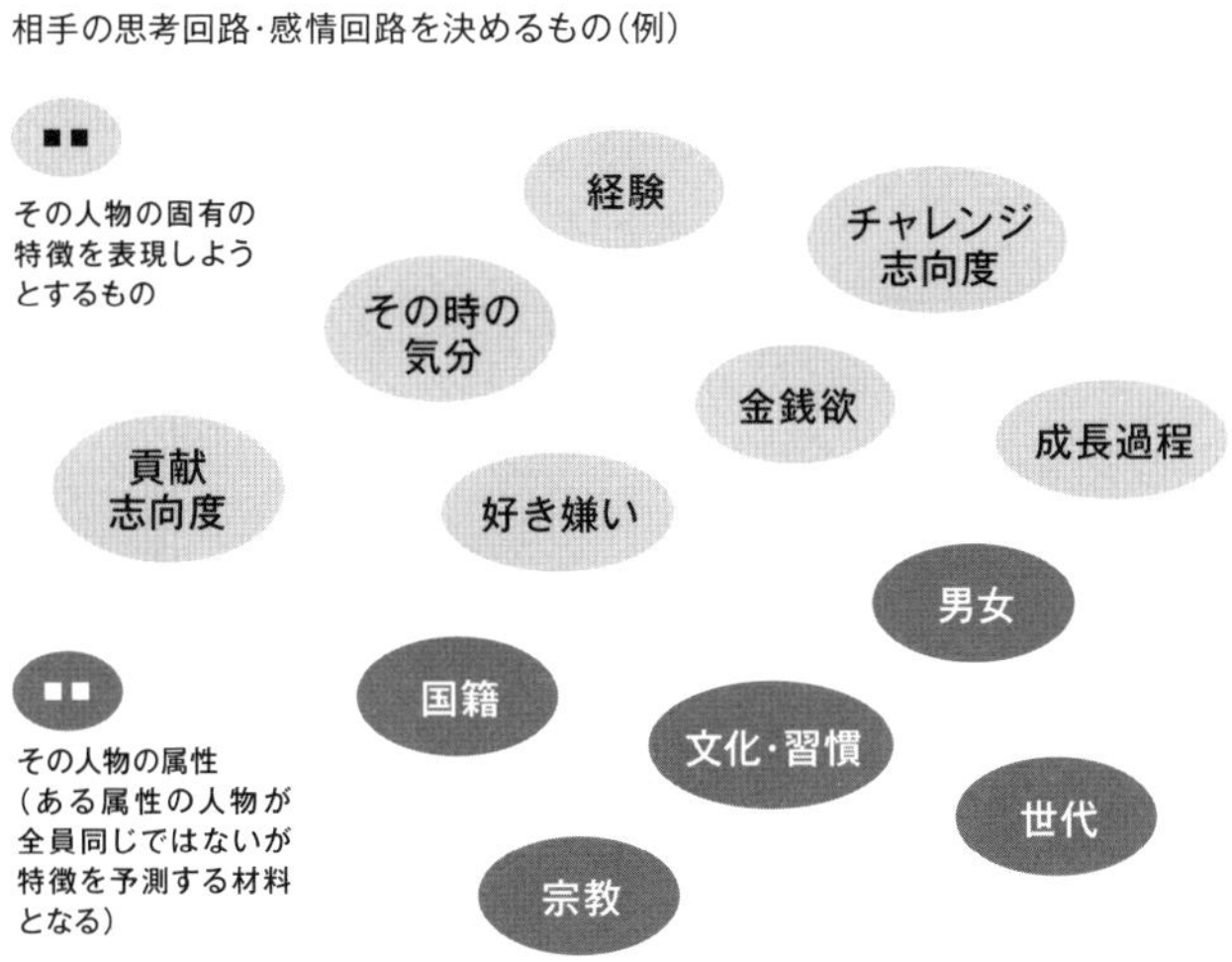

手玉に取れると言われると人聞きが悪いかもしれませんが、「この人は自分のことをうまく使ってくれるな」と感じたことはありませんか？　その状態は気分良く仕事ができているものです。ということはモチベーションも高い。だから結果も出るし、成長もしていきます。これが行儀のいいマネジメント用語で言う「部下の活用」に当たります。目の前にいる手持ちの部下を最大限活用することが大切なのです。

活用は部下の目線に置き換えると、自分が活かされていると感じる。自己効力感が高い状態が実現できます。逆に自分が活かされている感覚を持てない人が新しいことにチャレンジしたいと思うでしょうか。自分が活かされてない状態で部下がチャレンジすることは転職活動です！　部下が自分を他で活かそうとなったら困りますよね。部下を活かすことは育成にもつながるし、転職防止という効用ももたらしてくれるはずです。

③タイプ把握ツール紹介

さまざまな部下を相手にするのは骨が折れますが、それぞれのタイプに合わせてアプローチする引き出しを増やしておけばコミュニケーションに役立ちますので、そんなタイプ把握ツールをいくつか紹介しておきます（図表4-4）。マネジャーの自己判定にも使えるものもあります。

図表 4-4　タイプ把握ツール

● ソーシャルスタイルの4スタイル

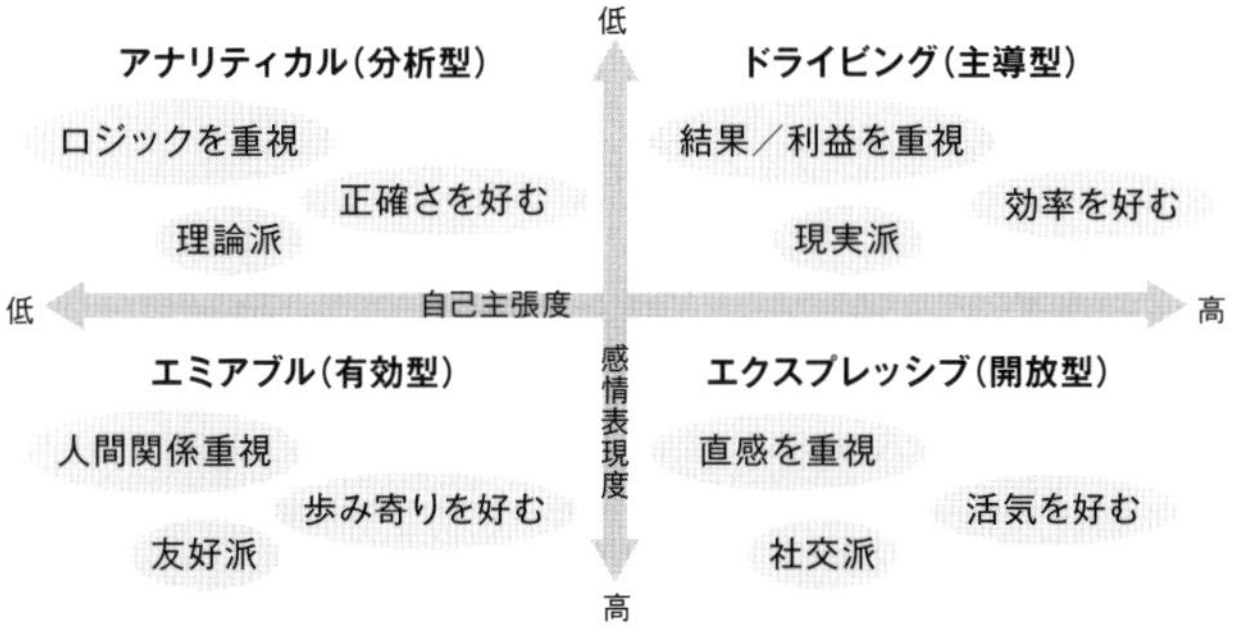

● DiSCの4スタイル

ドミナンス（主導型）	**インフルエンス（感化型）**
コンシェンシャスネス（慎重型）	**ステディネス（安定型）**

● ストレングスファインダーの34資質

達成欲	アレンジ	信　念	公平性	慎重さ	規律性
目標志向	責任感	回復志向	活発性	指令性	コミュニケーション
競争性	最上志向	自己確信	自　我	社交性	適応性
運命思考	成長促進	共感性	調和性	包　含	個別化
ポジティブ	親密性	分析思考	原点思考	未来志向	着　想
収集心	内　省	学習欲	戦略性		

＊製品・サービスは各社の商標または登録商標です。

ただし、こうしたツールに熟達しろという意味ではありません。部下を判断する際の枠組みを一つ、使いやすそうだと感じたものを持っておくと、部下との接し方がずいぶん楽になります。素手で部下に対応しようとして、うまくいかずに苦労している人が多いのですが、先人の知恵を活用して楽をしたらいかがでしょうか。困っていた部下への対応法が見つかるかもしれません。

・ソーシャルスタイル

アメリカの産業心理学者、デビッド・メリル氏が提唱。人の言動を大きく4つに分類して分析し、相手が望ましいと感じる対応を探して選択する。特に営業職や販売職など、直接顧客と関わる職業でコミュニケーションがスムーズになるとされ、取り入れている企業も少なくない。

・DiSC

アメリカの心理学者、ウィリアム・マーストン氏のDiSC理論をもとにした人材評価ツール。人の欲求を大きく4つに分類し、感情と行動を、D（主導傾向）、i（感化傾向）、S（安定傾向）、C（慎重傾向）で表す。人の違いについて認識を深めることができるとする。

・ストレングスファインダー

ストレングスファインダー（クリフトンストレングス）は、米国ギャラップ社開発の才能診断ツール。177の質問に答えて自分の「才能（＝強みのもと）」を導き出す。この才能が無意識に思考・感情・行動となって現れるとし、34の資質（類似の才能の集まり）に分類。

4　進捗管理と育成、業務遅延から学ぶ

ここから結果づくりと人づくりの交差点に入ります。良質な進捗管理は業績を向上させ、同時に人も育つとはどういうことか。格好のエピソードがありますので紹介しましょう。

ある会社で仕事が遅れる原因を調査した時のことです。**図表4-5**のように、計画があって、実際があって、遅れが発生している、というケースです。

遅れの原因の第1位が「優先順位」とありますが、これは「忘れてました」ということなんです。その人が愚か者だから忘れてしまったという意味ではなくて、別件や特急仕事、割り込み仕事に対応しているうちに本来のスケジュールを忘れてしまったんです。

図表 4-5　ある業務遅延の原因調査結果

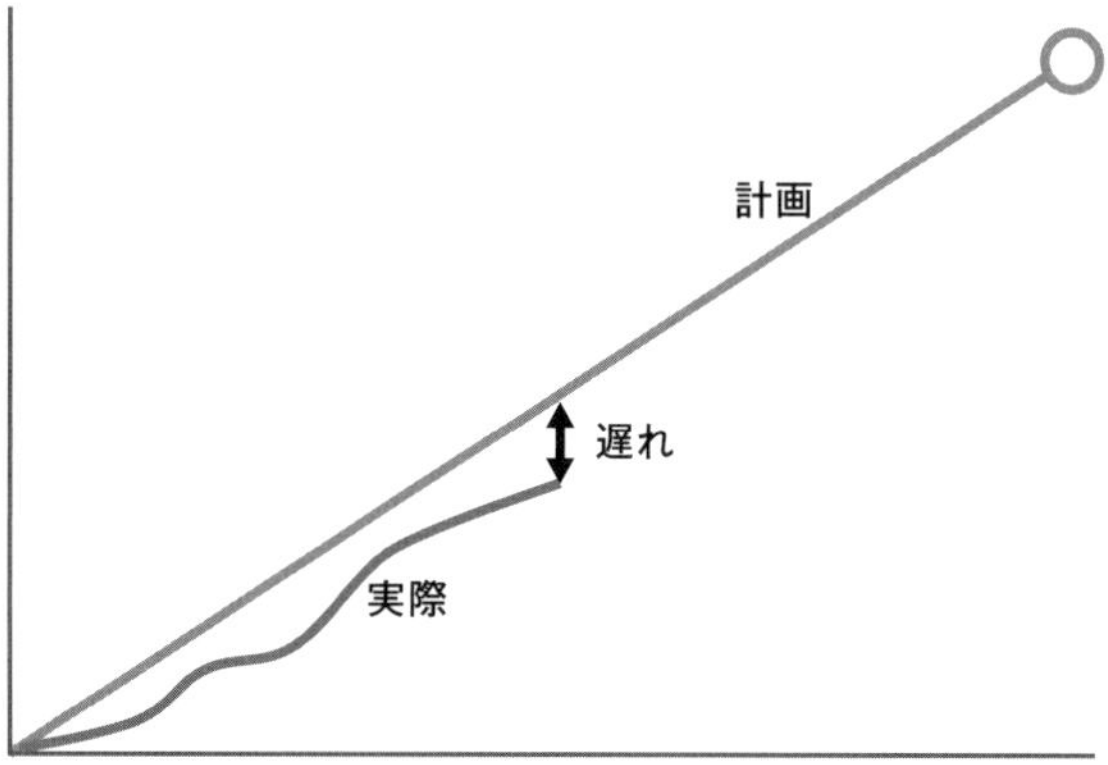

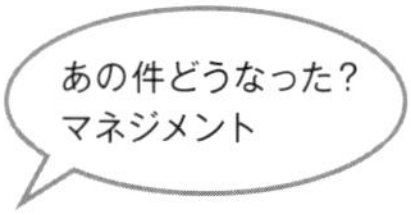

遅れの原因

①**優先順位**→指摘・リマインド

②**意欲減退**→動機付け

③**能力不足**→Teaching／Coaching

④**外的要因**→打開策の話し合い

私は「あの件どうなった？　マネジメント」と呼んでいるんですが、こんな時一番簡単で有効な進捗確認・進捗管理の方法は、「あの件、どうなった？」と聞くことです。「あの件、どうなった？」と聞けば、「すみません。忘れてました。あと3日待ってもらっていいですか？」といった会話になるでしょう。一見、間抜けなやり取りのように思えるかもしれませんが、聞いたから優先順位が修正され、3日の遅れで済みます。聞かなかったら1週間、2週間遅れるかもしれません。すると関連事項が連鎖反応を起こして3週間遅れてしまいます。それが会社のあちこちで起きていようものなら、平気で半年、1年の遅延に発展します。とてもおろそかにできない事態ですね。

マネジャーと部下では、立場の違いから優先順位の捉え方が異なることを知っておいてください。よく研修の最中に参加者に聞くのですが、「研修の事前課題は皆さんにとって優先順位が高いですか？」するとみんなニヤニヤし始めます。きっと低いですよね。しかし、私にとっては優先順位が高いんです。なぜなら事前課題をやってきていただかないと研修をスムーズに進められません。

このように、立場によって優先順位は変わるものです。これと同じことが皆さんと部下との間で発生する可能性があるわけです。

マネジャーは内心「特急でやってよ」と思っていても、部下は「来週ぐらいからゆっくりやろうかな」と受け止めているかもしれません。だからこそ、「あの件、どうなった?」と聞いて遅れを防止する必要があります。

第2位が「意欲減退」。モチベーションが落ちていれば理由についてコミュニケーションを取り、激励してあげましょう。

第3位の「能力不足」は、能力・知識・スキル・経験などが不足していることによって遅れが発生している状態です。それを見つけたら、本人に状況を聞きましょう。「問題の原因はここじゃないの? こんな手を打ってみたらどう?」と、ティーチングであれコーチングであれ話をすれば、それを受けて部下は「そうか、なるほど問題点はそこか。それが原因とは気付かなかった。課長の言った手はいけるかもしれない。やってみよう」と、懸命に遅延を回復させるでしょう。このプロセスで部下は成長するに違いありません。

つまり、上司の遅延回復措置が部下を成長させる図式になっています。これが「進捗管理は育成である」代表的な場面です。業績向上と育成がいっぺんにできてしまいます。

第4位の「外的要因」は、仕事の抱え込みのことです。こんな時も「あの件、どうなった?」と聞くと、それなりの確率で外的要因であることが判明します。「それ、早く言ってよ。隣の部長と交渉しないとらちが明かないじゃないか」ということになるでしょう。

本人の権限の中で処理できないところで起きている原因によって遅延が発生しているケースです。

リモートワークが一般化したため外的要因による遅れが最近増えていると言われています。同じオフィスにいれば部下は「ちょっとすみません」で済む話が、わざわざ電話する羽目になります。「今、電話していいのかな、課長の機嫌が悪かったらどうしよう」などとためらった挙げ句、先延ばししてしまう。部下が上司にアクセスするのは敷居が高いということを覚えておいてください。だからこそマネジャー側から「あの件、どうなった?」と聞いてみることが必要ではないでしょうか。

CASE STUDY PART1 ロードマップを作成する

今度は進捗管理と育成の実践編として、「ロードマップ」作成のケーススタディーに取り組んでみましょう。ロードマップはマイルストーン(中間ゴール)を置きながら最終ゴールに至る道筋を描くという作業です。パート1とパート2に分けて解説していきます。

［1］坂口さんが作った「ロードマップ」を評価する

ケーススタディーのパート1の主役はベテラン営業マン、坂口さんです。坂口さんは上司と相談しつつ、港北グランドモール攻略をメインターゲットとする2年後の中期目標を見据えながら、半年後の目標（達成基準）を立てました。まず**図表4-6**で坂口さんを取り巻く状況と半年後のゴールイメージ、そしてその結末をじっくりお読みください。

そうです。なんと坂口さん、港北グランドモールから半年後に言い渡されたのは出入り禁止でした！　決定的な問題点は、坂口さんの頭の中で目標の置き換えが起きてしまったことにあります。本来は「2年後月商1500万円」のはずでした。ところが坂口さんは、短絡的に「半年後250万円」に目標を置き換えてしまった。坂口さんは250万円をいただくために、おそらく必死の努力をしたんでしょう。夜討ち朝駆けノベルティーばら撒きを懸命にやった結果、250万円はいただけたけど、めでたく出入り禁止になりました。

ところで、250万円で出入り禁止と、150万円しかもらえていなくても「坂口さん、次の提案楽しみにしてるよ。よろしくね」と言われるのと、どちらがいい

図表4-6 「坂口さん」のプロファイルと半年後の目標設定

坂口は、神奈川県広告業界2位、横浜カラーソリューションズのベテラン営業担当である。

２年前出店した大型ショッピングモール『港北グランドモール』は、顧客属性やライフサイクルに合わせた品ぞろえを目指そうとしている生活提案型のショッピングモールであり、坂口の所属する港北営業２課にとって有望顧客の1つである。

現在は坂口が営業担当をしており、月間５０００万円以上と推定される広告宣伝費のうち、臨時のチラシ程度の商談しか取れておらず、今のところ平均月商７０万円程度である。当社に関係する広報・広告担当者は４名いるが、坂口はそのうちの１名としか会えていない。

中期目標の中では、２年後に港北グランドモールを２課のメイン顧客とし、売上月商１５００万円を目標とすることも決まり、社長も期待を寄せている。

そこで、期初に坂口が立てた半年の目標は以下の通りである。

港北グランドモールからの売上高　月商２５０万円

半年後、坂口は月商２５０万円をなんとか達成した。しかし、昔ながらの御用聞き営業で、坂口の行っていたのは積極的な訪問（ご機嫌伺い）やノベルティーの提供などであった。斬新な企画提案を期待していた港北グランドモールの担当者から見て期待はずれで、「もう来なくていいよ、今回の発注は餞別だと思ってくれ」と言われてしまった。

さて、何が問題だったのだろうか？

＊ケーススタディーに登場する企業名、人名等は全て架空のものです。

ですか？　出入り禁止になったら1500万円にたどり着きませんが、「次の提案楽しみにしてるよ」の方は、信頼関係ができ、期待も高まっている。今は150万円でも、この先1500万円に届いていく可能性がありそうです。

ここで言えるのは、半年後の時点では250万円だろうと150万円だろうと、そんな数字に意味がないということです。無意味な数字を必死で追いかけて出禁を食らった坂口さん。250万円という数字が坂口さんをミスリードしてしまったのです。

上司と坂口さんの間で、おそらく2年先に至るストーリーについての会話はなかったでしょう。きっと「2年後1500。社長も期待してるよ。とにかく売りまくれ」「分かりました。じゃあ、半年後の目標はどうしますか？」「250位いっとくか」——という調子だったのではないでしょうか。

その250万円が悲惨な結果を招いてしまいました。教訓はしっかり考えてマイルストーンを置きましょうということですが、読者の皆さんだったらどんなロードマップにしますか。これが次の課題です。マイルストーン、すなわち半年後の目標は「半年後の進捗管理のための基準値」と読み替えてもらうといいと思います。

［2］より良い「ロードマップ」に作り直す

図表4-7の0・5年、1・0年、1・5年、2・0年の「中間地点」に「ゴールイメージ」と「達成基準」を書き込んでください。坂口さんが出入り禁止になったことは忘れ、彼が初めてロードマップを作る前提で考えてください。PREP図のダイエットの例を補助的に参照すると考えやすいと思います（**図表4-8**、再掲）。

［3］個々の仕事のストーリーを共有する

さてロードマップの回答例をご覧いただきますが、その間にひとつお尋ねしたいことがあります。皆さんはどんなことを思い浮かべながら回答を考えていましたか？おそらく港北グランドモールをどう攻略していくか、2年間のストーリーを考えていたのではないでしょうか。ところが一方、坂口さんと上司の間ではどうだったでしょう。おそらく2年先に至るストーリーが会話されていなかったからしっかりしたマイルストーンもなく、悲惨な結果になったと想像できます。つまり、ストーリーを分かっていない人に仕事を任せると痛い目を見る。任せるんだったらストーリーの共有は絶対不可欠なのです。

本来は、坂口さんが優秀であれば、彼が準備してきたストーリーのたたき台を上

図表 4-7　ロードマップの作成

改めて最終ゴールに向け中間地点の目標を設定し、ロードマップを作成する。

中間地点	ゴールイメージ	達成基準	手段・方法
0.5年			
1.0年			
1.5年			
2.0年			

ケーススタディーでは「手段・方法」は取り上げません。

図表 4-9　近いゴールが意欲をかき立てる

結果はマネジメントできない。マネジメントできるのはプロセスである。
遠いゴールは途方に暮れさせる。近いゴールは意欲をかき立てる。

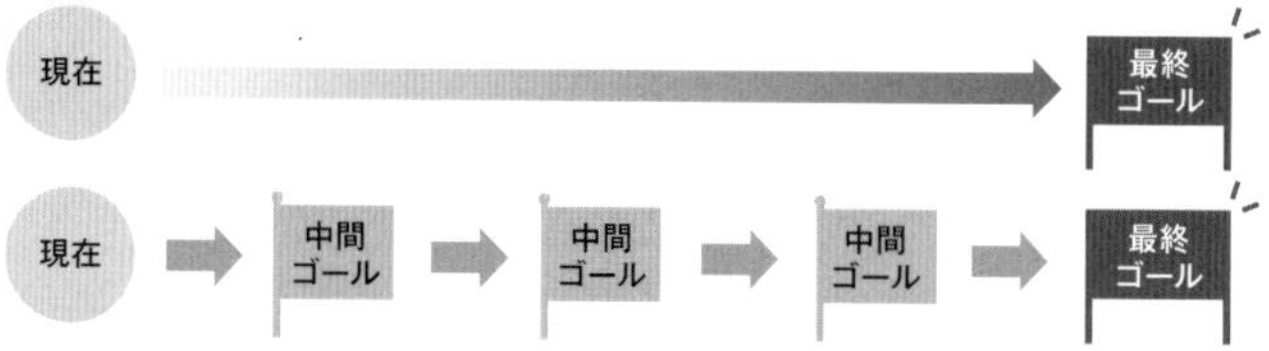

マイルストーンを中間のゴールイメージとして描く

図表4-8　PREP図（再掲）

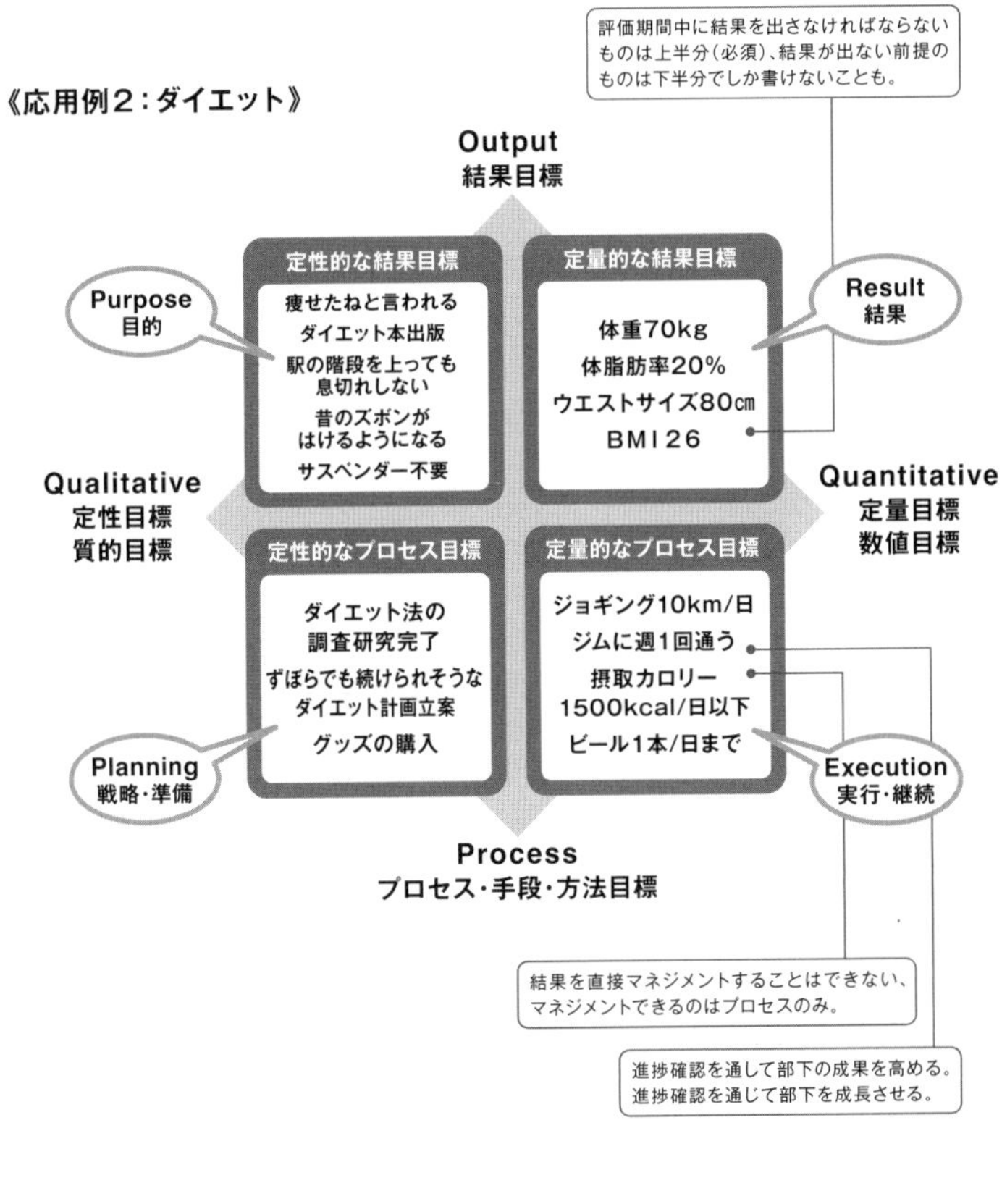

司と検討して、「坂口さん、いいよ。これでいこう」と、承認。坂口さんが頼りなければ、上司がストーリーを用意して「坂口さん、今回これでやってみないか」。中ぐらいの坂口さんだったら、2人で「坂口さん、半年後にはこの辺までいきたいよね」「そうですね」といった会話をしてストーリーを共有したところで「よし、後は任せるぞ」となったはずなのです。

第2章で目標をストーリーとして語ることの重要性を述べましたが、あれは組織目標という大きなストーリーでした。今度は、仕事一つ一つにもストーリーが存在する。それがどこまで部下と共有できているかによって、仕事を任せられる度合いが変わってくるというわけです。

[4] 回答例と解説

では回答例を見ていきましょう（図表4-10）。

●0・5年

こちらから提案を仕掛けていくべきでしょうが、いきなり提案書を持っていってもおそらく受け取ってくれませんから、まず、興味を持ってもらおうということで、

図表4-10　ロードマップの作成（回答例）

中間地点	ゴールイメージ	達成基準	手段・方法
0.5年	・当社が港北グランドモールの広告・広報担当者全員から一味違った広告会社と認識されている（状態）	・2年間の営業計画が当社の社長から承認されている（3カ月以内） ・先方の担当者4名と定期的な面会（週1回程度）ができている ・先方に面白い企画と評価される提案書が4件以上受領されている（受注は問わない）	
1.0年	・港北グランドモールのすべての広告案件について、当社が必ず相談される相手になっている（状態）	・広告コンペ参加率100％、採用率20％ ・企画提案による受注4件	
1.5年	・当社が港北グランドモールから最初に相談される戦略パートナーになっている（状態）	・総月商800万円 ・定期イベント、定期広告のいずれかを受注できている ・先方社内のマーケティング戦略会議に定期参加している ・両社の社長が定期的に面会（月1回程度）	
2.0年	・港北グランドモールの広告戦略を、実質的に当社が決めている（状態）	・あらゆる広告媒体をミックスした2年間の広告戦略・計画が採用されている ・港北グランドモールの売上増に貢献している ・総月商1500万円	

ストーリーを分かっていない人に仕事を任せると痛い目を見る。

任せるのであればストーリーの共有が不可欠。

➡「あの件どうなった？　マネジメント」はストーリーの共有が前提。


「耳タコ上等！　マネジメント」

戦略・目標・方針（ストーリー）は繰り返し語る！

➡「一回言ったよね！」はマネジメント上無効。

ゴールイメージは「一味違った広告会社と認識されている状態」としました。

このゴールイメージが実際に達成できているかどうかを達成基準で判断します。「2年間の営業計画が当社の社長から承認されている（3カ月以内）」。これはPREP図でいうと左下の領域に当たります。「担当者4名と定期的な面会（週1回程度）ができている」。これは右下の領域ですね。「面白い企画と評価される提案書が4件以上受領されている（受注は問わない）」。これも右下ですね。

達成基準は半年ごとの目標という言い方もできますし、半年後ごとの進捗確認・進捗管理のための基準値とも言えます。

●1.0年

ゴールイメージは「必ず相談される相手」に昇格しました。達成基準は「広告コンペ参加率100％」。これはまだPREP図の右下の段階ですが、「採用率20％」「企画提案による受注4件」は、右上の状態まで上がってきたことを意味しています。

●1.5年

ゴールイメージは「最初に相談される戦略パートナー」に発展させました。さてどの中間地点から月商数字を評価基準、つまり進捗管理の基準として置くかは悩ましいところです。早過ぎると元の坂口さんの二の舞いになりそうですし、あまりのんびりしていると月商1500万円に間に合わなくなるので、ここに月商800万円と入れてみました。また、戦略パートナーを具体化し、「定期イベント、定期広告のいずれかを受注」、重要な「先方社内のマーケティング戦略会議に定期参加」、さらに「両社の社長が定期的に面会（月1回程度）」と攻めています。

●2・0年

ゴールイメージはついに「港北グランドモールの広告戦略を実質的に当社が決めている状態」まで到達。達成基準は月商1500万円ですが、それにとどまらず、次の2年間の広告基本戦略の合意が取り付けられています。将来への仕込みも忘れないのが狙いです。

以上はあくまでも例ですが、これがストーリーです。こんなストーリーを共有した上で、後は頼んだぞ、といきたいものですね。

＊最近流行しているのが、現在から始めて将来を予測するフォアキャストならぬバックキャスト。バックキャストは先に望ましい将来のビジョンを描き、そこから現在に向かってビジョンを実現する方法をたどる。このアプローチを取れば、2年後から考え始めることになる。

COLUMN　進捗感を理解させるマネジメント

皆さんの部署では、**図表4-11**のような進捗カーブを描く仕事はありませんか？初めは低空飛行ですが、ある地点から急上昇していきます。私の経験では、新規開拓営業をやっていたころも、続いて商品開発に携わった時も、まさにこのカーブでした。最初は何をどうすればさっぱり分からないんですが、なんとなくこうかなと方向性が見えてくると、一気に加速する。そんな感じでした。

こんな進捗カーブを描く仕事は結構あるんじゃないかなと思いますが、時間に比例して月商数字が上がっていくってちょっと考えにくいですね。港北グランドモールのケーススタディーも、最初なかなかうまくいかなくて、ちょっとした機会をもらって評価される。「君たちなかなかやるね。これもやってみる？」といった具合にやっているうちに、やがてドカンといく。そんな想定だと思うんですよね。

このケースでも、初めの1年間は月商数字にほとんど変化がなくて当然です。先月より売上が1万円上がろうが落ちようが、全然意味がありません。そんなことより「聞いてください。担当者の最後の1人にとうとう会えました」「それはすごいね」――この会話の方がはるかに有意義です。

図表4-11　進捗確認の指標

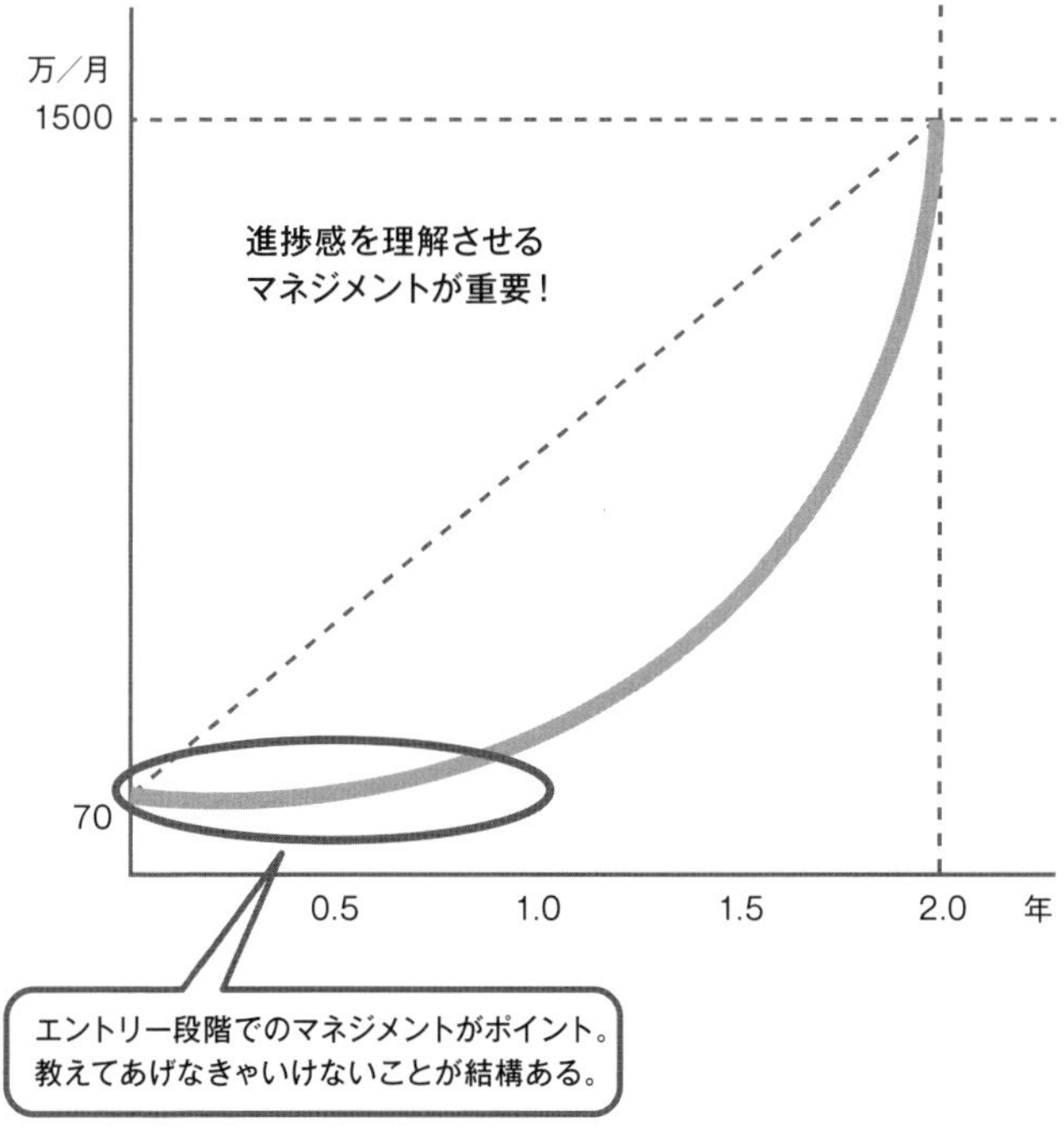

最終的に重要なのは売上の数字ですが、それがそのまま進捗管理のための基準値として常に有効に機能するとは限らない。なのに、無意味な数字にとらわれた管理をしていませんか？　注意したいものです。

このような進捗カーブを描く仕事があって、新しい人にやってもらうとすると、最初の段階ではかなり教えてあげる必要があることも理解しておいてください。

経験の浅い人、異動してきた人、キャリア採用の人などは数字が変化しない状況に直面すると悩み始めます。「私には営業の素質がないんでしょうか」と言い出したりするんですね。そんな時、進捗が感じられるような気付きを与えてあげましょう。「一緒に営業に行った時、先方の変化に気付かなかった？　初めてお茶が出てきただろう」。お茶がどうしたと思われるかもしれませんが、「最近、向こうからの電話やメールの件数増えてるよね。応接室にも通されたじゃないか。大丈夫。確実に信頼関係ができてる。このまま半年我慢して続ければ売上につながってくる」ならいかがですか？

こういう事情は、本当のベテランならみんな知っていることです。お茶の一杯にも進捗感をつかみ、仕事を推進する意欲を維持しています。先を楽しみにしながら仕事ができるんですね。ビギナーはそれに気付かないので、努力をしているのに売上が伸びない悩みから、モチベーションを落としてしまいます。モチベーションの観点からも進捗感を理解させるマネジメントが重要であることがお分かりいただけたでしょう。

CASE STUDY PART2　さまざまなチームメンバーの営業活動をサポートする

ケーススタディーのパート2は、坂口さんと上司の間で合意して2カ月がたったところで、「できている坂口さん」「努力している坂口さん」「やる気のない坂口さん」、3通りの坂口さんが出現したと仮定して、課長は上司としてそれぞれにどう対処すべきか考えていただきます。まず**図表4-12**で、3通りの坂口さんの報告をお読みください。

皆さんの部下は、3つのタイプのどれが一番多いですか？　「できている坂口さん」が山のようにいたら会社に行くのが楽しいでしょうね。「今日もよろしくね」で終わりですが、そんなことはめったにありません。「やる気のない坂口さん」が軍団でい

図表 4-12　あれから２カ月、３人の坂口さん

中間地点	ゴールイメージ	達成基準
0.5年	当社が港北グランドモールの広告·広報担当者全員から一味違った広告会社と認識されている(状態)	·２年間の営業計画が当社の社長から承認されている(３カ月以内) ·先方の担当者４名と定期的な面会(週１回程度)ができている ·先方に面白い企画と評価される提案書が４件以上受領されている(受注は問わない)

できている坂口さん	努力している坂口さん	やる気のない坂口さん
おかげさまで順調です。ご担当の方４名全員と面会もでき、現在の広告の発注先や今後の広報戦略など、大まかなところをお聞かせいただけました。ただ今２年間の営業計画を作成中で、来週中には課長にお見せできると思います。そうそう、来月には大きなコンペがあるそうで、「君のところにも声を掛けるから」とおっしゃっていただけました。課長にもぜひお力添えをお願いします。	私も港北地域の担当が長いので、いろんな人脈をたどって何とか４名のご担当者に会うことはできました。ですが、新たにお会いした３名の方からは、あまり新しい情報を聞き出せていません。定期的にお会いすることはできるのですが、当社の新横浜住宅建設での販促事例などを紹介してもあまり関心を示していただけない状況です。何とか関心を持っていただけるように頑張ります。	課長、港北は結構しんどいですわ。残りの３名の担当者に何度か電話しているのですが、なかなか会ってくれません。あんまりニーズはないみたいです。今の広告手段に満足しているみたいで、意識の低い客は困りますねぇ。それより古い付き合いの登戸ショッピングセンターの社長から飲みのお誘いがありました。何か発注してくれそうですよ。
課長としての対処	課長としての対処	課長としての対処

たらこっちのやる気もなくなります。おそらく「努力している坂口さん」が多いのが一般的な組織ではないでしょうか。

だとすると、マジョリティーの「努力している坂口さん」たちに有効な手が打てたら確実に組織業績が上がります。そこで「努力している坂口さん」対策から解説を始めましょう。回答例は**図表4-13**に掲載しています。

［1］努力している坂口さん（改善へのサポート）

この坂口さんは、できている部分とできていない部分が混在している人と考えることができます。そこで、できている部分については認め、できていない部分については改善を促していくというアプローチを取ります。それを、「褒める」と「叱る」という言葉で表現しました。つまり「褒める」と「叱る」の両方をやる必要があるということです。「叱る」という言葉はキツく感じられるかもしれませんが、この言葉の定義は後ほど行います。

「褒める＝承認する」ですが、若干この坂口さんはできていない部分に目がいき過ぎのようですから、先ほどのコラムにあったように、4名の担当者と定期的に会えているのは十分進捗しているんだと、よく理解してもらいましょう。

図表4-13　あれから2カ月、3人の坂口さん（回答例）

中間地点	ゴールイメージ	達成基準
0.5年	当社が港北グランドモールの広告・広報担当者全員から一味違った広告会社と認識されている（状態）	・2年間の営業計画が当社の社長から承認されている（3カ月以内） ・先方の担当者4名と定期的な面会（週1回程度）ができている ・先方に面白い企画と評価される提案書が4件以上受領されている（受注は問わない）

できている坂口さん

おかげさまで順調です。ご担当の方4名全員と面会もでき、現在の広告の発注先や今後の広報戦略など、大まかなところをお聞かせいただけました。ただ今2年間の営業計画を作成中で、来週中には課長にお見せできると思います。そうそう、来月には大きなコンペがあるそうで、「君のところにも声を掛けるから」とおっしゃっていただけました。課長にもぜひお力添えをお願いします。

努力している坂口さん

私も港北地域の担当が長いので、いろんな人脈をたどって何とか4名のご担当者に会うことはできました。ですが、新たにお会いした3名の方からは、あまり新しい情報を聞き出せていません。定期的にお会いすることはできるのですが、当社の新横浜住宅建設での販促事例などを紹介してもあまり関心を示していただけない状況です。何とか関心を持っていただけるように頑張ります。

やる気のない坂口さん

課長、港北は結構しんどいですわ。残りの3名の担当者に何度か電話しているのですが、なかなか会ってくれません。あんまりニーズはないみたいです。今の広告手段に満足しているみたいで、意識の低い客は困りますねぇ。それより古い付き合いの登戸ショッピングセンターの社長から飲みのお誘いがありました。何か発注してくれそうですよ。

あなたのチームメンバーで一番多いのは どのタイプですか？

➡「努力している坂口さん」タイプでは？
➡多くの部下には、○の部分も△の部分も×の部分もある
➡「努力している坂口さん」タイプに有効な手が打てれば、チームの業績は一気に向上する

さらに上を目指させる（評価基準は変えない）

褒める＝承認する
・4人と定期的に会えている
・営業計画作成中
・コンペに参加できる（関係をつくれている）
叱る＝指摘し改善を促す
・特になし
・落とし穴がないかの確認
盤石化へのサポート
・コンペへの協力、会社としてバックアップ（リソース確保）
・社長へ報告（モチベーション）

褒める部分と叱る部分が混在しているのが通常の部下

褒める＝承認する
・4人と定期的に会えている
➡進捗を認識させる
叱る＝指摘し改善を促す
・新しい情報を聴きだせていない
・事例が合っていないのでは？
状況改善へのサポート
➡部下の成果を向上させるアプローチを取れば業績は上がり成長する＝進捗管理は育成！
➡しかも一番多いタイプ
みんな育ってチーム業績向上

そもそも2カ月放置していたのが間違い！

褒める＝承認する
・登戸ショッピングセンターの件は気を付けて褒める（代替にはならない）
叱る＝指摘し改善を促す
・たくさん！
・なんでこうなったのか？（個人的な事情もあるかもしれない）
・マイルストーンのスパンを短くする（ステップを細かく）
留意点
➡「やる気のない坂口さん」にかかりっきりになっているうちに、「努力している坂口さん」たちを放置してしまうことにならないか？

勝因は何だマネジメント
➡成功要因が説明できれば再現性が担保される（本当の意味での成功体験）

「叱る＝指摘し、改善を促す」では、新しい情報を取れていないとか、事例が合っていないのではないかという点について、改善をサポートしていきます。
この、できていない部分に言及し、うまくいかない原因や問題点を探り、有効な手を助言する。「改善」のアプローチですね。それに応じて坂口さんがやってみる。会話と実行プロセスを通じて坂口さんは達成に貢献し、大いに学びます。

実はこのタイプは「進捗管理は育成」が最も当てはまるんです。しかもマジョリティーです。彼らに進捗管理を遂行していけば、大勢が業績を上げてくれて、なおかつ成長していくことが期待できるんですから、このタイプに対するアプローチは組織マネジメントの要と言えます。

［2］できている坂口さん（盤石化へのサポート）

優等生は放っておこうではいけません。今うまくやっていることを強化させ、さらに上を目指してもらいましょう。その時に気を付けていただきたいのは、目指させる地点の上方修正は結構ですが、評価基準はいじらないを原則にしてください。なぜかというと、評価基準も上げると、やればやるほどゴールポストが遠のいていく感覚に追い込んでしまうからです。これが大変な疲弊を招きます。実質的に評価が高まる状態にしましょう。

叱る部分は特に見当たりませんが、落とし穴がないか、うまくいっているように見えるが本当かどうか、一つ一つ確認することが必要でしょう。

また、盤石化へのサポートでは、上司だからこそできるのは環境を整えることです。本人にはできないリソースの確保、援軍をよそから引っ張ってくるなどでバックアップしていく。社長への報告もモチベーションアップにつながるでしょう。

さらにダメ押しがあります。なぜうまくいったか「できている坂口さん」に聞いてみたくありませんか？「こんな工夫が功を奏しました」と説明してくれたらOKなんです。自分の勝因を人に説明できれば再現性が担保されるというわけです。これに反して「ラッキーでした」という返事だったらNGです。そうしたら「何がラッキーだったの？」ともう一声聞く。答えられないようであれば「明日までに整理しておきなさい、もう1回聞くから」。こうして自分の言葉で説明できるところまで導いてあげます。これが「勝因はなんだ？　マネジメント」です。

戦略・目標・ストーリーは「耳タコ上等！」で繰り返し語り、タイミングを逃さず「あの件どうなった？」と確認し、うまくいった暁には「勝因はなんだ？」と聞いてやりましょう。これが本当の意味での成功体験の完結です。「うまくいきました。モチベーション上がりました」で終わってはもったいない。うまくいった理由を説明できるようになれば、次に活かせる。これも成長ですね。「勝因はなんだ？　マネジメント」、ぜひやってください。

［3］やる気のない坂口さん

最大の難問がこのタイプです。担当者に会えていない、ニーズを掘り起こしていない、挙げ句の果てに「客の意識が低い」……。そもそも、こうなるまで2カ月間放置しておいたのが最大の失敗でした。初期段階では毎週、場合によっては毎日のように「今日どうだった？」と聞いてあげればこの状況に陥らずに済んだかもしれませんし、この坂口さんには階段のステップ（マイルストーンの間隔）が大き過ぎたということもあったかもしれません。いずれにしてもストーリーの共有からやり直すのは大変です。

「やる気のない坂口さん」再生にかける労力をそのまま「努力している坂口さん」たちに投入すると、3人から5人を目標達成に導けるという構図になるでしょう。それでも「やる気のない坂口さん」の面倒を見続けていいものでしょうか。もし皆さんにいくらでも余力があるのならともかく、時間に追われているのが現実です。「努力している坂口さん」たちに力を割いた方が業績は確実に上がります。

こんな言い方をすると、「やる気のない坂口さん」を見捨てるんですかという意見が出てきますが、そうではありません。「やる気のない坂口さん」にかかりきりになっているうちに、ちょっと助けてあげれば目標を達成できる「努力している坂口さん」たちを3人から5人見捨ててしまうかもしれないのです。努力している人たちには報いてあげたいじゃないですか。優先順位は考えざるを得ません。

「やる気のない坂口さん」を見捨てるのかという意見についてですが、登戸ショッピングセンターの社長から直々に飲みの誘いがくるのは、これはこれで大したもんだと思いませんか？　そんなこの坂口さんをお好みになる顧客層があるのかもしれないとすると、そういったお客様を中心に担当してもらう手はどうですか。坂口さんの持ち味が活かせて、お客様も当社も喜ぶ。これぞ適材適所です。担当替えに関して罪悪感を持つマネジャーがいますが、替えてあげた方が善なのかもしれないんです。その辺は冷静に状況を分析して考えなくてはなりません。

5　結果づくりと人づくり三種の神器

ここでマネジメントの3つの切り札をまとめて意義を整理して（**図表4-14**）おきましょう。簡単なフレーズなので覚えやすいはず。皆さんもぜひ口癖にしてください。

①「耳タコ上等！　マネジメント」

耳にタコだと言われても、繰り返し語ろう。「上等じゃねえか、もう一回言うぞ」ぐらいの粘りがないと何事も伝わらないという趣旨でした。英語で言えば、WHY　NOT！ですね。

特に、戦略・目標・ストーリーを共有するため、繰り返し語って脳裏に焼き付けてもらいましょう。なぜなら、皆さんと部下との間では、立場も、見ている世界も、直面している課題も違う。そもそも人として、考え方・価値観も違う。一度言ったぐらいで全て共有できるわけがありません。同じ映像が目に浮かぶ状態を作っていくためには、「耳タコ上等！」です。

②「あの件どうなった？　マネジメント」

「耳タコ上等！」でストーリーを共有していると「あの件どうなった？　マネジメント」が成立します。ストーリーを共有していない状態で「あの件どうなった？」と言うと「なんの件ですか？」と言われかねません。「あの件どうなった？」が通じれば、コミュニケーションがずいぶん楽になるというものです。

また、ストーリー共有意識があれば部下にとってもコミュニケーション・ストレスが軽減され、部下の側から上司に進んで聞いてみたくなります。ストーリー共有意識の感じられない上司に誰が相談したいと思いますか？

③「勝因はなんだ？　マネジメント」

うまくいった時こそなぜうまくいったかの振り返りをしてもらおうと述べました。要は「経験学習サイクル」（**図表4-15**）を回しましょうということです。具体的な経験→心の中で消化する内省的観察→教訓を抽出し一般化する抽象的概念化→試してみようとする能動的実験。そこでうまくいったという確証を得たら、次の経験から具体的に活かすという流

図表4-14　結果づくりと人づくり三種の神器

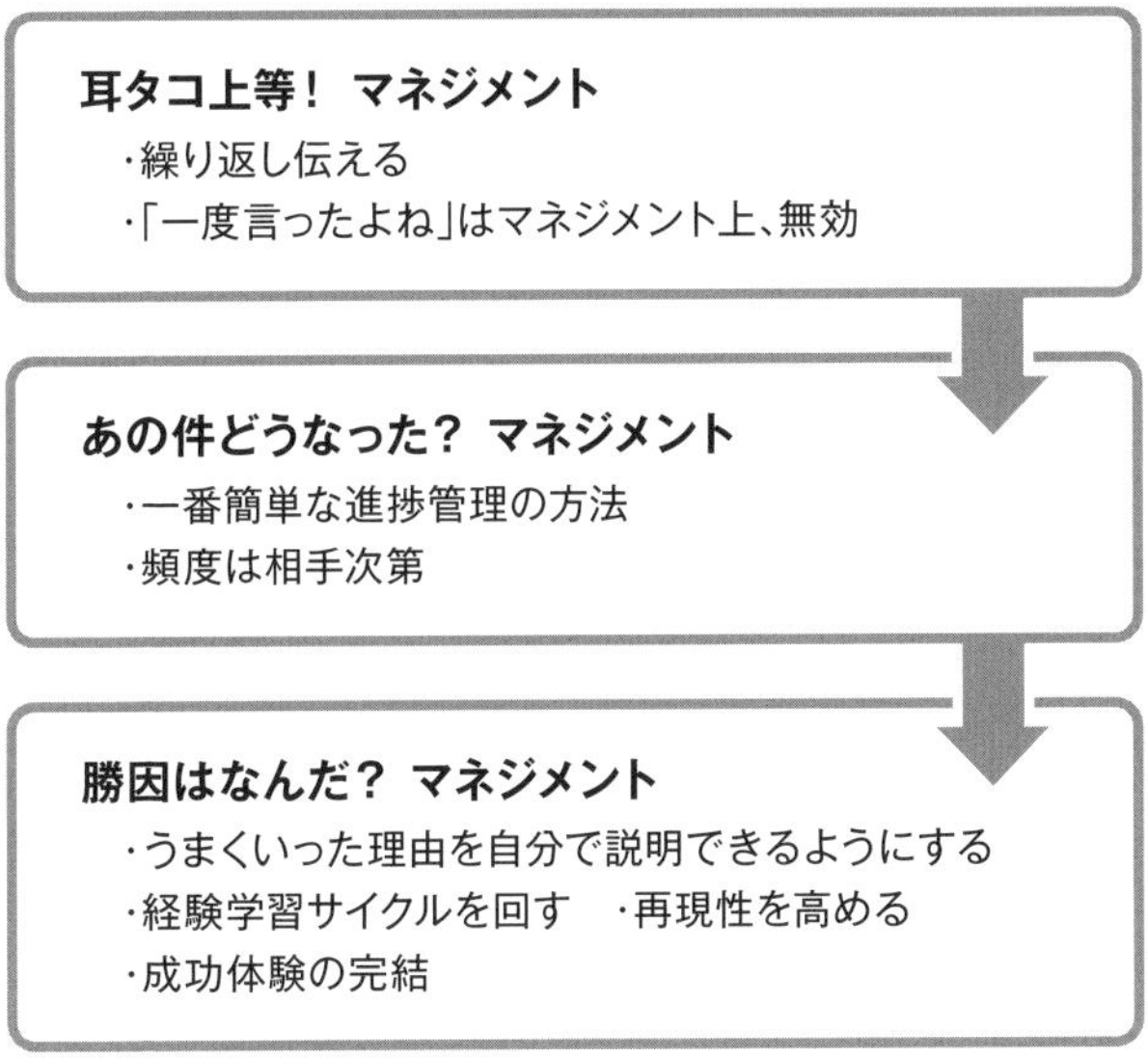
耳タコ上等！ マネジメント
・繰り返し伝える
・「一度言ったよね」はマネジメント上、無効
あの件どうなった？ マネジメント
・一番簡単な進捗管理の方法
・頻度は相手次第
勝因はなんだ？ マネジメント
・うまくいった理由を自分で説明できるようにする
・経験学習サイクルを回す
・再現性を高める
・成功体験の完結

図表4-15　経験学習サイクルを回す

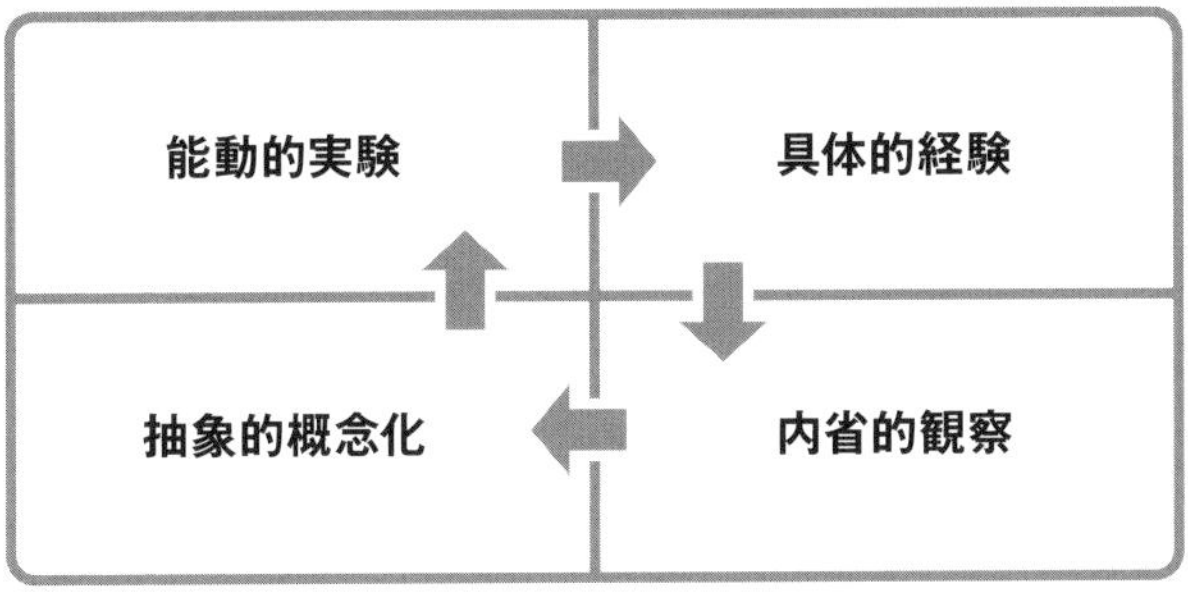
能動的実験
具体的経験
抽象的概念化
内省的観察

れになっています。

なぜ私が勝因にこだわるかというと、失敗した時の原因探しは誰でもやりますが、そこだけに着目していると、経験学習サイクルで積み重ねられるのは「どうしたら失敗しないか」だけになってしまうからです。それより「どうやったらうまくいくのか」を蓄積していきたいと思いませんか。

うまくいったら「勝因はなんだ?」と聞いてあげる。本人の口からちゃんと勝因が説明されれば再現性が担保されるということになります。これこそ育成の神髄と呼べるのではないかと思います。


皆さんも、マネジメントの明け暮れは、うまくいかなくて悩むことの方が多いことでしょう。しかし、失敗を振り返ってばかりいないで、うまくいっている時に振り返りをしてほしいのです。「最近、好調だな。なぜだろう」。その理由がちゃんと説明できれば、今度はその状態を意図的に再現することができます。マネジャーとして研鑽を積み重ねた、レベルアップしたなと言えるようになるわけですね。ぜひ、自分自身に「勝因はなんだ? マネジメント」をやってください。

6　適時適切フィードバックでマネジメントを自働化する

ここで、ケーススタディーのパート2で述べた「褒める」「叱る」の目的をもう少し掘り下げてみましょう。マネジメントの自働化につながるからです。**図表4-16**をご覧ください。

「褒める」は、「基準」に照らして基準を上回っている場合、望ましい行動を習慣化し根付かせる承認行為です。「ＯＫ！」の一言を確実に言いましょう。はっきり良い・悪いと相手に伝え、分かってもらったら、「次に行こうじゃないか」。承認することで、基準を浸透させることにもなります。

「叱る」はその逆で、「基準」に照らして基準を下回っている場合、望ましくない行動を習慣化させないため、指摘・改善を促す行為です。「指摘するのは温かい行為、指摘しないのは冷たい行為」と覚えてください。叱るは、笑顔でもできることです。

注意していただきたいのは、基準の合意が不明確な状態で「怒る」に走らないことです。特に、怒りの感情と恐ろしい表情を絶対にセットにしてはいけません。

では「基準」とはなんでしょう。代表格は、組織目標・方針、行動規範。部下一人一人の個人目標も基準です。これらの基準は、部下へ提示・協議し、互いに合意している約束

図表4-16　適時適切フィードバック（≒褒める・叱る）の目的

褒める

「基準」に照らして望ましい行動を「習慣化」する

➡承認行為

（承認し行動を維持・加速する）

・派手なアクションは不要

叱る

「基準」に照らして望ましくない行動を「習慣化」させない

➡指摘行為

（指摘し改善を促す）

・必ずしも感情は伴わない、「怒る」との区別

・指摘がない場合は暗黙の承認行為になってしまう恐れ

マネジメントの自働化

・自働的選択

・組織風土として定着

基準とは

・果たしてほしい役割・責任

・出してほしい成果・貢献「ゴールイメージ」と「達成基準」

・望ましい行動

事であり、その意味で皆さんも部下も基準作りに関わっています。

これらの基準に照らして、良い・悪い、褒める・叱るのフィードバックを適時適切に繰り返します。常日頃から進捗を管理することで、部下が結果を出し、成長していくでしょう。評価の納得性も高まります。これが、マネジメントの自動化です。ところがもし適切な承認・指摘をタイムリーに行わなければ、この仕組みが正常に機能しなくなってしまいます。放置しておいて最後に低い評価を付けたのでは、部下は納得できるはずがありません。

COLUMN　ポジティブ・フィードバックとネガティブ・フィードバック

間違いやすいのですが、ポジティブ・フィードバック＝褒める、ネガティブ・フィードバック＝叱るではありません。両方とも叱るです。叱り方の種類を説明しています（**図表4-17**）。

ネガティブ・フィードバックは通常の叱るイメージです。できていないことを単刀直入に指摘する。

ポジティブ・フィードバックは、できていないことを期待・要望の形にフォーマット変換して伝えるイメージです。

図表4-17　ポジティブ・フィードバックとネガティブ・フィードバック

	Positive(ポジティブ・フィードバック)	Negative(ネガティブ・フィードバック)
特徴	なるべく「not」を使わずにフィードバックする	弱み・不足点を決定的に分からせる
方法	・まず事実を伝える(正確であること) ・ネガティブなポイントはアドバイス(期待・要望)の形で伝える 「～するともっとよい」「～してほしい」	・まず事実を伝える(正確であること) ・ネガティブなポイントをダイレクトに伝える 「～ができていない」「～しなかった」 ※事実ベースでの論理性がきわめて重要、基本は冷静に、時として感情をあらわにするのも有効
長所	・受け入れやすい(叱られるのは誰しも好まない)	・何よりも分かりやすい
短所	・勘の鈍い部下、自己認知力の低い部下には通用しない	・時として決定的な対立になる ・やり過ぎるとパワハラになる ・十分に自己認知ができている部下には逆効果(へこむだけ) ・上司と部下の間の基本的な信頼関係が重要

どちらも伝えたい中身は同じです。何が違うかというとポジティブ・フィードバックの方が、言う方も言われる方も圧倒的に気が楽なのです。ただし、ネガティブ・フィードバックをして部下から「ご指摘ありがとうございます」と言ってもらえるのが本当の信頼関係です。

ただ、そこまでの道のりは遠い。なので、ポジティブ・フィードバックという方法もあることを覚えておきましょう。

7 年上の部下とのコミュニケーション

皆さんの部署に年上の部下はいらっしゃいますか？　うまくやっていますか？　もう職場から年齢という軸を取り去るべきだというのが私の意見なので、年上、年下という話題をしたくないのが本音なのですが、そんな思いと裏腹に、年上の部下に対するマネジメントを説明してやってほしいという要望があって渋々まとめたのが**図表4-18**です。まずはざっとお読みください。

こうして文章化してみた結果、読者に説明が必要な点が2つあることに気付きました。

図表4-18　年上の部下とのコミュニケーション

[1]その人の欠点ばかり見るのではなく、活用できる経験・スキル・知識・度量などを徹底的に見いだし、活かそうとすること

・人間は思ったことを証明したくなる。直感的に「×」と思ってしまったら、後は「×」の証拠を集め始める。
・育成を考える前に、まず活用を考える。自分が活かされている（活用されている）と思えない人は成長に関心を持てない。
・「活用できること」は、知識・スキル・コンピテンシー・志向など、できるだけ細分化して捉える。かつて活躍していた時の「仕事内容」ではない。

[2]年上だからこそ、期待することとその水準を明確に提示し、合意すること

・人間が最もさみしさを感じるのは、自分が期待されていないと思うこと。居場所がないと感じること。お荷物扱いされていると感じること。期待を伝えず、頑張りだけを期待するのは虫が良過ぎる。
・曖昧なゴール設定は禁物。期待水準の合意があるから、承認・指摘が成立する。

[3]年上だからこそ、承認と指摘（褒める・叱る）を怠らないこと

・承認と指摘を繰り返す。「違う」と思うことがあったら早めの手立て。後になって「背中からばっさり」は活躍の機会を奪うこと。
・期待水準の合意のない指摘はパワハラ。「年下の部下は叱れるが、年上の部下は叱れない」と思っている人は要注意。

[4]活用できるポイントを見つけたら、徐々に期待水準を上げていくこと

[5]やってくれたことにはねぎらい・感謝し、素直に頼りにすること

・役に立っている実感が元気を回復させる。挑戦心や成長意欲を復活させる。
・100点満点にならなくても、50点の人が60点になってくれたら、上司であるあなたに確実にメリットをもたらす。

第1点は、［2］について。職業柄、年上の部下という立場の方とお話しする機会が多いのですが、かなりの確率で「期待をちゃんと伝えてもらっていない」という嘆きを聞かされます。年上の部下は近寄り難い存在かもしれませんが、実はこれがまずい。人間、自分が期待されているという感覚が持てないと、ヒネる、スネるんです。だから、ちゃんと期待を伝えましょう。

第2点は、［3］について。意外にも彼らは褒められなくても気にしないらしい。褒められて育ってきた世代じゃないというのがその理由だそうです。私もとっても共感してしまいました（笑）。

一番キツイのは、本人にやっていない、できていないという自覚があるのに叱られないという状況です。これは事実上の戦力外通告、「あなたがやろうとやるまいと、こちらはなんにも気にしてませんよ。お好きなように」と言っているのと同じです。

どうでしょう、そうは言ってもうまくできたら「ありがとうございます。さすがですね」と感謝し、褒めます。やっていない、できていない場合は指摘し、改善を促します。ちゃんと叱りましょう。叱ると怒ることは違うについてはすでに説明しました。

ところで「年下の部下は叱れるけど年上の部下は叱れない」と思っている方はいませんか？　これは大変危険な兆候です。年下の部下にパワハラをやっている恐れがあります。「年上にはできないが年下には多少のことをやっても大丈夫」という態度も、大変危険な感覚と言わざるを得ません。年齢の上下にかかわらず「褒める」「叱る」の基本を守って同じようにマネジメントできているかどうか、セルフチェックしてみてください。

TEAMSモデル
楽《たの》しく楽《らく》して結果を出すマネジメント術

第5章
自分づくり

鈴木課長の悩み5

課長になって年々部下の反応が鈍くなったように感じているが、思い過ごしだろうか。私ほど仕事に真剣に取り組む人間はそういないと自負してきたが、組織目標に対して動きの悪い中堅がいて、私が頼んだ仕事を断ってきたので、先日つい大きな声を出してしまった。彼は自分のことを分かっていないのだろうか……。

1　理性的に振る舞う、能動的に楽しむ

バブル崩壊の頃から、マネジャーは主体的であれと押し付けるような風潮が表れてきました。これって不自然じゃないでしょうか。私はそれより、仕事は楽しまなくちゃと思って、当初は「楽しむ」をＴＥＡＭＳモデルの円の真ん中に置いたのです。さらに、外側の４つのプロセスとの関係を説明するために、「楽しむ」に変えて「自分づくり」を真ん中に据えました。マネジメントを完成させる最後のピースとして、部下から尊敬・信頼できる存在にならなければ人は動かない。それが自分づくりです。部下から「この人のために」と思われるマネジャーになるためには、柔軟性、好奇心、自己成長意欲、主体性と責任感、感情のコントロールが求められます。

その対極にあるのが、「なんでこいつのために仕事をしなければいけないんだ」。典型的な行動は、部下の成果を取り上げる、責任をなすりつけて逃げるといった行動です。感情がコントロールできない場合、ハラスメントに発展しかねません。困った上司の典型例です。

マネジメントをしていると部下に難題を言わざるを得ないこともあるはずです。それでも「しょうがないですね。やりますよ」と言ってくれるのか、「絶対嫌です」と言われて

しまうのかの違いは、円の真ん中の自分次第ではないでしょうか。

自分づくりはセルフコントロールなのですが、自分を縛るのではなく、自在に操れるようにしようということです。そこには、理性的に振る舞うと能動的に楽しむという、両方のスタンスが含まれています。

2 信頼の構造

自分づくりは、自分自身をマネジメントして部下から信頼を勝ち取るプロセスです。キーワードとなるのが「信頼」。この分野を専門とする日野健太さん（駒澤大学教授）の研究成果をお借りして、信頼がどのように形成されるかを説明しましょう。**図表5-1**を参照してください。

まず「意思決定の受容」というのは、マネジャーであるあなたが決めたことを部下たちが「はい分かりました」と受け取れるかどうか。これに直接的に作用するのが「機能型信頼」です。

機能型信頼は、上司の言っていることが正しいと思えるか否か。正しいと思えなければ

図表 5-1　信頼の構造

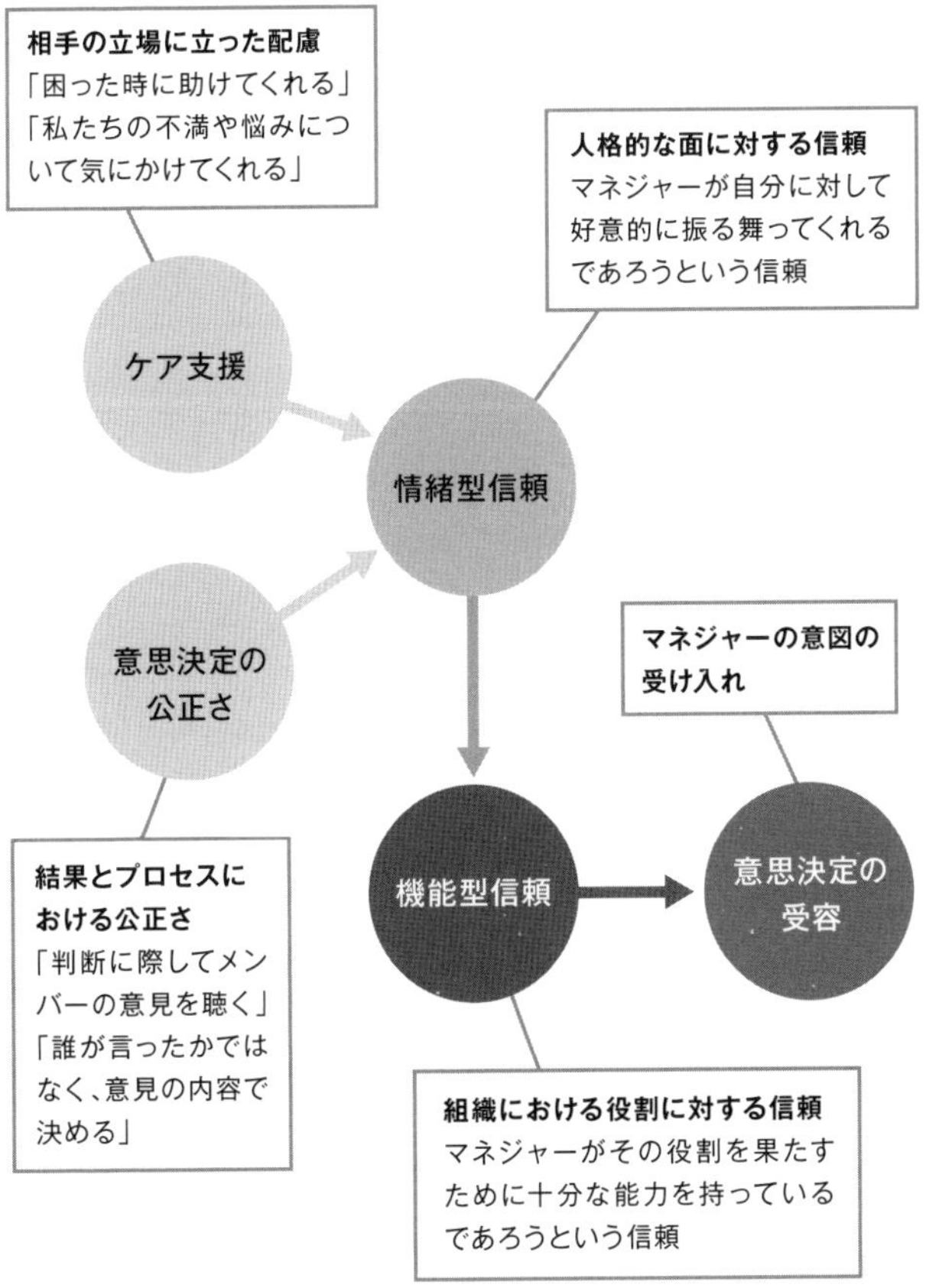

日野健太『リーダーシップとフォロワー・アプローチ』（文眞堂、2010）より引用・作成

部下も「はい」とは言えませんね。これを獲得するのにそんなに時間はかかりません。例えばあなたが新しい部署に赴任して2、3回部下から見て「なるほど」と思える判断をしてみればよい。「今度のマネジャーは仕事できるよね」となります。ただ機能型だけの信頼は脆弱《ぜいじゃく》です。なぜなら間違うことができないからです。間違っていたら「なんだ」と信頼関係を失ってしまうかもしれません。

「情緒型信頼」は人としての信頼です。情緒型信頼に裏打ちされた機能型信頼であれば間違ったとしても「うちのマネジャーだって間違うことあるよね」。強い信頼関係が出来上がります。情緒型信頼は「ケア支援」と「意思決定の公正さ」から芽生えます。ケア支援とは、公私にわたる配慮のことで、意思決定の公正さは、えこひいきがない、誰が言ったかではなく中身で判断するということです。

情緒型信頼については獲得するのに時間がかかります。皆さんも「あのマネジャー、近寄り難いよね」とか「どこかうさんくさい」なんて思ったことはないですか？　でも「本当に人としても素晴らしい人なんだ」と思えるまでには時間がかかります。新任のマネジャー、異動直後のマネジャーにとって情緒型信頼を獲得するのには時間がかかることは少し覚悟しておく必要があります。

一方で、獲得するのに時間がかかる情緒型信頼も失うのは一瞬です。それは裏切り行為です。「失敗の責任を押し付けられた」「手柄を横取りされた」と部下が感じてしまう行為です。信じていたのに裏切られた！　という感情が情緒型信頼を崩壊させる。それだけでは済まず一気に憎しみに変わることだってあります。

Epilogue

世界を動かそうとする人

ちょっと大げさな言い方になりますが、マネジャーは「世界を動かそうとする人」と「世界の動きに翻弄《ほんろう》される人」に大別できると確信しています。

TEAMSモデルの「仕事づくり」のプロセスを考えてみましょう。世界を動かそうとするマネジャーは自分の上の人に「入れ知恵」をするのです。「この件は来年あたり手を付けておかないとまずい」とか「優先順位を変えて取り組んだ方がいい」といったことを上の人たちより先行して考え、早めに提案をします。上が決めかねているうちにいいアイデアを提案して、組織全体が動こうとしている方向に合致すれば「それいいね」となるでしょう。こうして、自分の思い描いたように世界が動いていきます。「あと2人、人員が欲しい」と言えば、優先的に補強されます。

逆に世界に翻弄されるマネジャーは、指示が下りてきてから反応する人です。上が決めてしまったことに意見しようとすれば煙たがられるし、人員を補充したくてももう決まっているから不満を言っても時すでに遅し。面倒な部下とレッテルを貼られるのがオチです。

図表6-1のようにTEAMSモデルを上下に分けると、上半分の目標を決めてチームを編成するプロセスは、まだ仕事に着手していない段階の「仕込みのマネジメント」。下

半分は「実行実践のマネジメント」という言い方ができます。

図表6-1　仕込みのマネジメント／実行実践のマネジメント

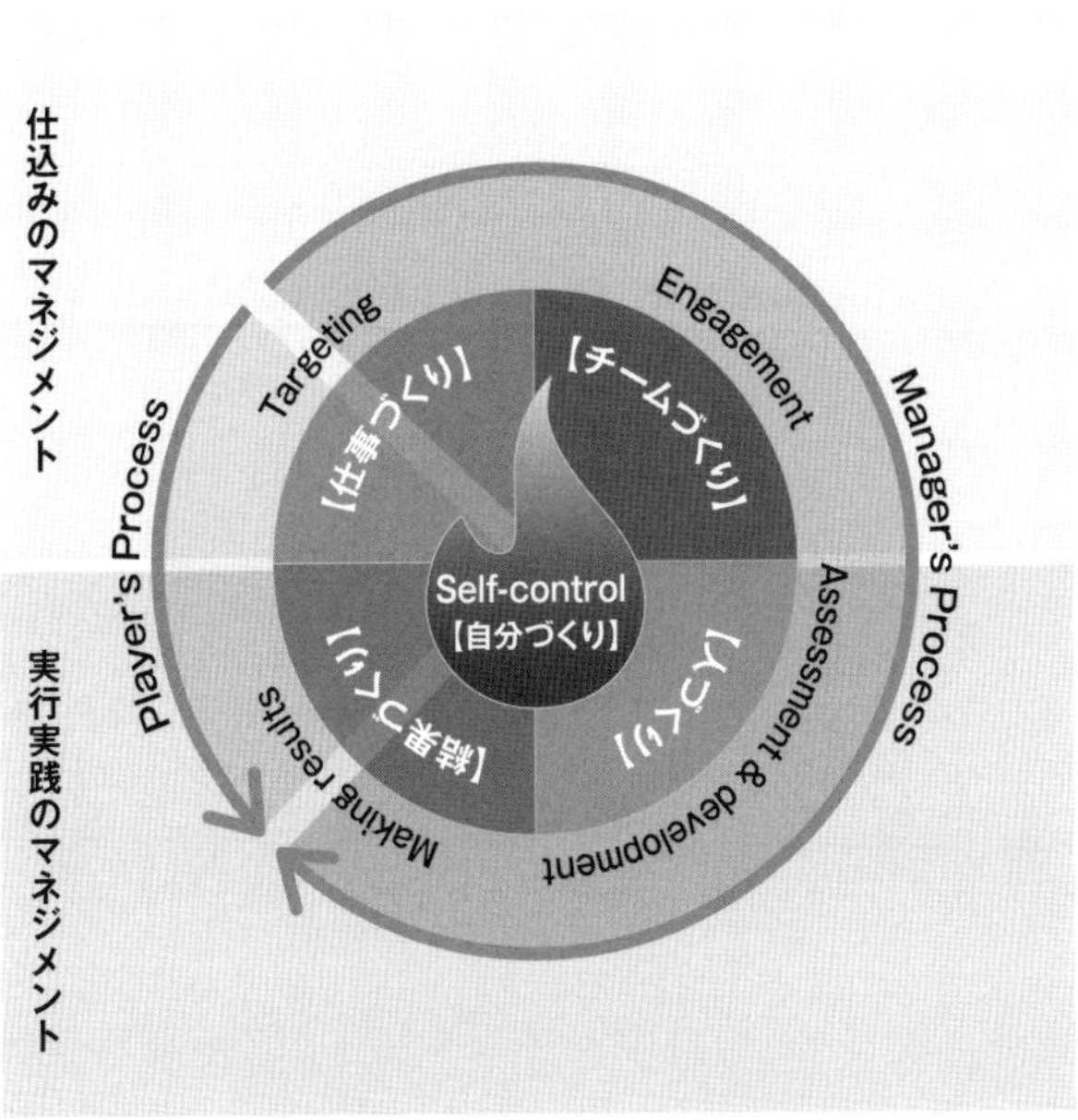

「実行実践」に汲々としている人は
「仕込み」不足の傾向がある

世界を動かそうとする人は早めに仕込みのマネジメントをやり、上に働きかけて、それを公認させることができる。

これこそがマネジメントを楽しむということである。そう思いませんか？　私はＴＥＡＭＳモデルを「楽しく仕事をするためのマネジメント」をイメージして作り上げました。

自分独りなら自分の強みを活かすしかありませんが、頼もしい部下の強みも使い、会社のリソースまで使って、自分のやりたいことを実現できます。その間に成長しキャリア形成も可能です。こんな舞台を与えられたマネジャーの皆さん、あなたはもうラッキーですね、というしかありません。

付表　マネジメントチェックリスト

次頁のリストはマネジャーにとって必要とされる行動を30項目リストアップしました。ご自分のマネジメントスタイルの自己認識にお役立てください。

使い方は、まずあなたにとって最も重要だと思われる項目を5つ選んでください。全ての項目が重要ですが、マネジャーの置かれた立場によって選ぶ項目は異なります。次々と新たな変革に挑んでいかなくてはならない組織と、予定通り確実に結果を出すのが最大ミッションの組織とでは、求められる資質や能力が異なるからです。

次に、自分の「強み」、あるいは「弱み」と認識している項目も5つずつ選び、「重要」項目と比較します。

重要かつ強みの項目はどんどん活かしていけばいいのですが、重要なのに弱みになっている項目は対策を考えなくてはなりません。本書をそのために活用して、今後のマネジャー人生を充実させてください。

マネジメントチェックリスト

	項目	キーワード	重要	強み	弱み
Targeting【仕事づくり】	1 会社の戦略や上位方針を踏まえて、チームの目標や方針を明確に設定している	上位方針の理解			
	2 顧客や競合の動きを敏感に捉えて、チームの目標や方針に反映させている	外部環境認識			
	3 目前の問題だけでなく、未来のありたい姿を実現するために、今何をすべきかを考えている	未来志向			
	4 ビジョンや目標を自分の言葉で語り、メンバーをワクワクさせている	自分の言葉			
	5 現実にしっかりと目を向け、目標達成の障害となる課題を特定している	障害の特定			
	6 ヒト・モノ・カネ・時間・情報などの資源を吟味した上で、実効性の高い計画を立案している	計画の実効性			
Engagement【チームづくり】	7 目標の実現のために、さらに上の上司や関係部署に影響力を発揮している	ネゴシエーション			
	8 チーム目標の実現に向けて、チーム外からも支援や協力を取り付けている	支援の獲得			
	9 目標や方針に関して、単に「伝える」だけでなく、「伝わる」努力や工夫をしている	目標の共有			
	10 チーム目標の実現のために、適材適所を考慮した効果的な役割分担を行っている	適材適所			
	11 メンバーに対し、仕事を通じて成長できるような目標や機会を意図的に与えている	成長の機会			
	12 メンバー同士が協力し、目標達成に向けて一丸となれるチームをつくっている	チームビルディング			
Assessment & development【人づくり】	13 国籍・性別・雇用形態等の区別なく公平に接し、メンバーのポテンシャルを引き出し、活かしている	人材活用			
	14 メンバー一人一人の成長度合いや特性に応じて指導・育成方法を変えている	育成方法			
	15 相手の立場・気持ち・価値観等を理解したコミュニケーションを心掛けている	相手の理解			
	16 メンバーに積極的に任せることで、チームとメンバーに成長をもたらしている	権限委譲			
	17 自らの仕事の取り組み方や判断を通じて、メンバーに規範を示している	規範			
	18 人間というものの可能性を信じるとともに、限界を理解している	人間の理解			
Making results【結果づくり】	19 仕事のマイルストーンやモニタリング指標を明確にし、進捗管理を徹底している	進捗管理			
	20 メンバーが有する情報やノウハウを提供し合い、共有するような場や仕組みを作り出している	ノウハウ共有			
	21 小さな成功を大事にし、さらに大きな成功に向けて、メンバーを鼓舞している	成功展開			
	22「褒める・叱る」を効果的に行い、必要に応じてメンバーに適切なフィードバックをしている	褒める・叱る			
	23 問題の兆候を素早く認識し、後手に回ることなく、問題解決を効果的に行っている	先手必勝			
	24 何があっても目標達成するという「本気と覚悟」を示し、責任を持った行動をしている	本気と覚悟			
Self-control【自分づくり】	25 ビジネス環境の変化を前向きに捉えて、楽しんでいる	楽しむ			
	26 先入観や固定化された考え方にとらわれることなく、柔軟な視点で物事を捉えている	柔軟性			
	27 感情をうまくコントロールして、自分の言動が相手にどのように映るのかを意識して振る舞っている	コントロール			
	28 安定した存在感があり、メンバーに緊張感と安心感(心の支え)の両方をもたらしている	存在感			
	29 社会的な倫理観を持ち、自信と謙虚さの両方を兼ね備えている	自信と謙虚			
	30 自分の強み・弱みを自覚し、日々成長する努力をしている	研鑽			

［著者］
川野 正裕（かわの・まさひろ）
グローバルベイシスコンサルティング合同会社 代表社員

東北大学大学院工学研究科修士課程修了（資源工学専攻 - 油層工学・地熱開発）。

リクルートの教育研修サービス部門（現リクルートマネジメントソリューションズ）において、事業企画マネジャー、商品開発責任者などを歴任。マネジャー研修、中堅・若手研修、アセスメントなどの開発を担当。また、大手CVS、家電量販店のサービスマネジメントに関するコンサルティングに従事。

ヘイグループ（現コーン・フェリー）において、新規事業として教育事業を立ち上げ、日本における中核事業に成長させる。後に、アジア統括ディレクターとしてアジア各国（日本・韓国・中国・香港・タイ・マレーシア・シンガポール・フィリピン・インドネシア・インド）で事業展開。

エーオンコンサルティングジャパン（現Kincentric）の立ち上げを行う。

商社、金融、IT、製薬、医療機器、運輸、化学、電機などの企業において、役員研修、選抜リーダー研修、マネジャー研修、評価者研修などを担当。また、韓国や中国における研修・講演の経験も豊富。

2011年5月に独立し、現職。

TEAMSモデル——楽しく楽して結果を出すマネジメント術

2024年12月3日 第1刷発行

著　者——川野正裕
発行所——ダイヤモンド社
〒150-8409 東京都渋谷区神宮前6-12-17
https://www.diamond.co.jp/
電話／03·5778·7235（編集） 03·5778·7240（販売）

装丁————梨木崇史
本文デザイン・DTP—髙澤輝行
製作進行——ダイヤモンド・グラフィック社
編集協力——エディターシップ
印刷————新藤慶昌堂
製本————ブックアート
編集担当——寺田文一

ISBN 978-4-478-11984-6